백년 동안의 증언

일러두기

1. 1923년 9월 1일 발생한 '간토대지진'은 그날 오후 3시부터 조선인 학살이라는 인재(人災)로 이어졌기에, '간토대지진 조선인 학살' 또는 '지진+인재'가 일어난 사건이라는 의미로 '간토대진재'라고도 한다. 조선인뿐만 아니라, 중국인·사회주의자 등도 학살되어, 줄여서 '간토 학살'로 표기하기도 한다.
도쿄에서 이를 체험한 소설가 이기영(1895~1984)은 『두만강』제7장 전체를 이 내용으로 다루며 '도쿄대진재(東京大震災)'로 표기했다. 오무라 마스오(1933~2023) 교수도 "조선인 학살은 일본 정부가 만들어낸 유언비어에 의한 인재(人災)였으니, 그냥 지진이 아니라 간토 대진재라고 해야 한다."고 했다.

2. 과거 사건은 되도록 현재형으로 썼다. 과거의 비극적 현장을 오늘의 일처럼 기억하기를 바라는 마음에서다.

3. '자이니치(在日)'라는 용어는 일본에 사는 재일조선인, 재일교포, 재일동포 모두를 일컫는 큰 개념으로, 일본인이든 재일조선인이 쓰는 용어이기에 그 배경과 역사를 존중하여 그대로 썼다. 일본에 사는 조총련 계열의 인물은 '재일조선인'으로 표기했다.

4. 인용된 일본어 글은 특별한 경우가 아니면 모두 저자의 번역이다. 특히 쓰보이 시게지의 장시 「15엔 50전」은 필자의 초역으로, 필자에게 간토대지진 조선인 학살을 연구하도록 권하고 비극의 장소를 안내하며 자료를 주신 고 오무라 마스오 교수께서 검토해주셨다.

백년 동안의 증언

간토대지진, 혐오와 국가폭력

김응교 지음

책읽는고양이

이십 년 이상 답사하고 쓴 책

간토 조선인 학살 100주기가 되는 올해, 이 책은 특히 한국과 일본의 작가와 시민들이 백 년 동안 이 비극을 어떻게 기억하고 극복하려 했는지를 보여준다. 백년 전 사건의 진실을 드러내려는 것은 원한을 심화시키기 위해서가 아니라 용서와 화해로 승화시키고 나아가 돌아가신 이들의 명예를 회복하기 위해서다. 김응교 선생은 내가 일하던 학교에서 가르치는 후배 교수이고, 시민모임 '독립'에서도 함께하고 있다. 20년 이상 답사하고 자료를 모아 정리한 이 책을 읽을 많은 독자들과 함께 일본 정부에 맹성(猛省)을 촉구한다.

이만열 (시민모임 '독립' 이사장,
전 국사편찬위원회 위원장, 숙명여대 명예교수)

일제 극우 세력의 야만성을 파헤친 문제작

세계사 최악의 화재 주범은 로마를 불태우고 기독교도를 학살한 네로였다. 먼 로마의 비극에는 분노하면서도 정작 일본 군국 제국주의 극우세력에 의해 네로보다 더 야만적이고 잔혹하게 우리 민족을 학살한 참극인 관동대지진 만행을 방관했던 게 역대 친일 정권이었다. 윤동주, 김수영, 신동엽 연구로 정열을 바쳐

왔던 김응교 교수의 이 저서는 관동대참극 100주년사의 최고 금자탑이다. 이를 통하여 그때 우리 선조들을 참살했던 일제 파시즘이 되살아난 것이 오늘의 한-미-일 3각 동맹임을 간파할 수 있을 것이다. 그 반작용으로 역사는 진보하여 민족해방 투쟁의 열기가 용솟음쳤음을 저자는 강조하고 있다. 근래 드문 역작이다.

임헌영 (문학평론가, 민족문제연구소 소장)

평화의 미래로 향하는 '기억의 복원'

1923년 9월 일본 중심지에서 일어난 대량 학살을 부추긴 일본 정부도, 학살을 실행한 일본 시민과 병사들도 입을 다물고 역사의 어둠 속에 묻으려 했다. 하지만 저자 김응교 선생은 국경을 넘어 다양한 사람들이 남긴 말들을 파헤치며 '기억의 복원'을 시도한다. 그 작업은 연구실이 아닌 각각의 '삶의 현장'을 찾아다니며 진행되었다. 도쿄에 있는 변호사 후세 다쓰지의 묘석을 껴안는 선생님의 모습은 가해자와 피해자 모두 상처받은 과거로부터 아픔을 나누는 치유와 평화의 미래로 향하는 희망을 백년째를 살아가는 현대인들에게 전해준다.

무라야마 도시오 (작가)

고통과 치유의 구심점 곁으로

이 책은 반일(反日)이 아니라, 한국과 일본의 평화를 기원하는 책입니다.

100년 전, 1923년 9월 1일에 일본 간토 지역에서 대지진이 있었습니다. 끔찍하게도 그 지진은 조선인 학살로 이어집니다. 아름다운 순간이 아닌 우울한 과거를 사람들은 기억하지 않으려 합니다. 게다가 지금까지 일본 정부는 끊임없이 이 사건을 삭제하려 했습니다.

기억해야 할 과거를 의도적으로 삭제하는 짓은 죄악입니다. '삭제의 죄악'에 맞서 '기억의 복원'이 필요합니다. 다시는 그 비극이 반복되지 않도록 과거의 흉터는 반드시 기억해야 합니다.

간토대지진 97주년 조선인 희생자 추모 행사에 영화 '플래툰'의 감독 올리버 스톤은 『아무도 말하지 않는 미국 현대사』의 공저자 피터 커즈닉 역사학 교수와 함께 서면 메시지를 보내왔습니다.

어느 나라든 과거와 마주하기는 어렵습니다. 여

러분처럼 진실한 역사를 위해 싸우는 분들과 연대하고, 증오에 바탕을 둔 범죄가 되풀이되지 않도록 여러분과 함께합니다.

20여 년 간 기회 있을 때마다 현지를 답사하고 간절한 증언을 글로 새기면서, 이 책을 한 땀 한 땀 깁고 다듬었습니다. 이 책은 5부로 구성돼 있습니다.

1장은 이 '사건'이 어떻게 전개되었는지 중요한 날짜와 시간을 정리했습니다.

2장은 정말 중요한 작품인 쓰보이 시게지의 장시 「15엔 50전」을 국내 초역으로 소개합니다. 2005년에 번역 발표했다가 이제 책으로 선보입니다.

3장은 한국인과 일본인 작가들의 '증언'을 살펴봅니다. 비루한 광기에 맞서 기록을 남기는 일은 고단한 일입니다. 조금 무거운 이 글을 곰삭여 읽어주시면 합니다.

4장은 '진실'을 드러내고 피해자의 치유와 가해자의 책임을 촉구하는 개인이나 모임을 소개했습니다. '진실'을 밝히는 기억 전쟁에 많은 분들이 참여했습니다. 재일사학자 강덕상과 금병동 선생이 1963년 편찬한 『현대사 자료 6집 간토대진재와 조선인』은 '진실'을 밝힌 역작입니다. 재일교포 오충공 감독이 1983년에 발표한 다큐멘터리 '감춰진 손톱자국'은 사건을 외면하는 게으른 비곗덩어리를 내리치는 죽비입니다. 한국인을 대상으로 한 이번 책에는 일본인들이 많은데, 이 책을 일본어로 낸다면, 아마 재일조선인들의 노력으로 4장을 채웠을 겁니다.

5장에서는 피해자는 트라우마에, 가해자는 삭제와 왜곡의 거짓에 시달리는 이 상황을 어떻게 '치유'해야 할지 살펴봅니다.

1998년 박사학위를 받고 바로 와세다대학에 임용되었지만 저는 논문을 써서 어떤 의미가 있는가, 깊은 회의에 잠겼습니다. 연구하지 않고 헤매는 서생을 보고 오무라 마스오 교수님(大村益夫, 1933~2023)께서

"내가 김 선생님과 가고 싶은 곳이 있어요."

라고 하셨습니다. 며칠 뒤 뭣도 모르고 선생님께서 준비해주신 작은 밴(van)에 탔습니다. 놀랍게도 선생님이 안내하신 곳은 치바에 있는 나라시노 수용소 자리였습니다. 간토대진재 조선인 학살에 희생된 영혼들을 모신 사찰과 위령비들을 한 곳 한 곳 둘러보았습니다. 이 비극이 반복되지 않도록 알리는 분들을 만나고 자료를 얻고 증언을 귀뜸했습니

다. 며칠 뒤 선생은 사건에 관한 자료를 큰 봉지에 넣어주셨습니다.

"김 선생님, 조선인 학살과 문학 이야기 한번 써 보세요."

마음의 채비가 생기고 논문이 완성되기까지 1년이 걸렸습니다. 연구에서 떠난 지 3년 만에 저는 조선인 학살에 관한 논문을 발표하면서 학계로 돌아왔습니다. 이 책에 쉬운 문체로 풀어쓴 아래 두 편의 논문은 오무라 마스오 선생님 권유에 의해 쓴 글입니다.

「1923년 9월 1일, 도쿄」, 『민족문학사연구』(민족문학사학회, 2001)

「15엔 50전, 광기와 기억: 쓰보이 시게지의 장시(長詩)「15엔 50전」(1948)에 부쳐」, 『민족문학사연구』(민족문학사학회, 2005)

오무라 교수님께서 조용히 내주신 숙제를 23년 만에 단행본으로 냅니다만, 오무라 교수님 이후에도 여러 분의 가르침과 도움이 있었습니다.

국사편찬위원장을 역임하신 숙명여대 이만열 명예교수께서 이끄시는, 간토학살 100주기를 맞아 그

진실을 알리려는 시민모임 '독립'에 참가했습니다. 이 모임의 대표인 박덕진 대표의 권유로 일본 대사관 앞에서 추모시를 낭송하고, 일인시위를 했습니다. 또 2023년 7월 4박 5일 간 일본의 괴이쩍은 역사 공간, 학살이 벌어졌던 아라카와 강변 등을 다시 방문할 수 있었습니다.

민족문제연구소 소장이신 문학평론가 임헌영 선생님은 끊임없는 격려와 조언을 주셨습니다. 백년 전 사건에 대한 한일 문학을 정리하겠다고 말씀드렸더니, 반겨하시는 말씀에 큰힘을 얻었습니다. 민족문제연구소 식민지박물관 김영환 실장님께 많은 도움을 받았습니다.

'1923 간토한일재일시민연대' 대표 김종수 목사님은 강연을 요청했고, 2023년 9월 1일 도쿄에서 열리는 조선인 학살에 대한 국제 심포지엄에서 발표하도록 권하셨습니다. 김 목사님은 이 책에 실릴 내용에 대해서도 여러 생각을 주셨습니다.

일본에 관한 책을 낼 때마다 일본인 선생님과 벗들이 도와주셨습니다. 특히 이번 책을 마무리할 때 『천년 교토의 오래된 가게 이야기』 『조작되는 혐한 여론』 등을 내신 작가 무라야마 도시오(村山俊夫) 선생님께서 여러 조언을 주셨습니다.

마지막으로 핵심 독자인 청소년과 젊은이를 비

롯하여, 이 사건을 누구나 쉽게 읽을 수 있도록 검박한 언어로 만들고 싶다는 의도를 역사 전공자인 책 읽는고양이 김현정 대표님께서 받아주셨습니다. 콜롬비아의 소설가 G. 마르케스의 소설 『백년 동안의 고독』(1967)은 라틴아메리카의 해괴하고 끔찍한 식민지 역사를 뼈아프게 기록한 마술적 리얼리즘 작품입니다. 이 소설 이름이 연상되는 '백년 동안의 증언'으로 책 제목을 하자는 김대표님의 조언에 저는 당연히 동의했습니다.

인간이 겪는 고통의 구심점을 기록하는 것은 작가로서 당연한 책무입니다. 고통의 구심점 곁으로 가는 그 공간이 치유와 평화의 구심점입니다. 비극을 차분히 응시하는 일은 어려운 일입니다만, 이 작은 책이 이 지리멸렬한 시대에 고통과 치유의 구심점에서 한일 시민이 만나는 계기가 되기를 바랍니다.

2023년 8월 15일
수락산 서재에서
김응교 손 모아

차례

1.

사건

비극은 어떻게 진행되었나

1923년 9월 1일 토요일 11시 58분

진도 7.9 강진 발생

오전 11시 58분, 요코하마 앞바다 사가미만(相模灣)을 진원지로 하여, 진도 7.9의 강진이 일본의 중심지 도쿄와 간토 일대를 강타한다.

지진 발생 세 시간 후, 오후 3시경부터

"조선인들이 불을 지르고 다닌다."

"조선인들이 우물에 독을 탄다."

"조선인들과 공산주의자들이 습격한다."

는 유언비어가 퍼진다.

9월 2일 일요일

도쿄 계엄령 선포

9월 2일, "강진 후 대화재, 도쿄 전시내를 불바다로 만들었다(強震後の大火災東京全市火の海化す)"는 첫 신문 기사(《東京日日新聞》)가 나고 곧 계엄령이 선포됐다. 이때부터 '조선인 폭동설'이 시작되고, 전대미문의 제노사이드(집단 학살)가 일어난다.

16

拳銃
九月二日午前九時頃、墨田川鷹匠町地先型市電臨時、撰死

狙擊
九月二日午前十一時頃、南葛飾郡水稲荷橋附近、三菱相間墨工廠

中尉を包圍した
三十人の不逞團

援刀
九月二日午前十一時頃、南葛飾郡大木本近、選擧民名氏

流言
九月二日午後十一時頃、南葛飾郡大木本近、選擧民名氏

暴行
九月二日午後十一時頃、南葛飾郡大木本近、選擧民名氏

橋梁破壞
九月二日午後十一時頃、江戶川橋附近、選擧民名氏

飲料水へ毒
あべこべに飲まされて悶死

爆彈
九月二日午後八時頃、荒川本町大榴田橋

위. 불타고 있는 도쿄부 경시청. 사진 위키백과.
아래. 1923년 10월 22일자 〈도쿄시사신보〉 '음료수에 독' 거꾸로 마시게 하여 사망. "9월 3일 오전 9시경 도쿄 혼죠구[本所區] 기쿠가와초[菊川町] 사거리 부근 자칭 이왕원(李王源). 독극물 아비산 7~8돈을 소지하고, 혼죠구 도쿠에몬초[德右衛門町] 기쿠카와초 방면에 불탄 장소에 남은 잔존자가 유일한 음료수 공급처인 기쿠가와초 수도(水道) 소방전 부근을 배회하던 중 군중에게 붙잡혔으나, 독극물인 아비산을 식염이라고 강하게 변명하다가, 억지로 마시도록 강요받아 그 자리에서 사망했다."

오전 8시경 도쿄도 아라카와구 시라히게바시 다리에서 "가기구게고(ガギグゲゴ) 해봐!"라고 하면서 제대로 발음 못하는 조선인들을 죽이고, "반자이, 반자이(만세, 만세)!" 외치며, 반쯤 죽은 조선인을 스미다 강에 던지고, 이때 20~30명의 조선인을 죽였다는 증언이 있다(和智正孝의 증언). 당시 조선인은 일본에 체류한 지 몇 년 안 되는 노동자가 대부분이어서, 일본어를 정확히 발음할 수 없었다.

오전 10시부터는 "지진 이후 발생한 큰 화재는 조선인이 폭탄을 던지고 방화를 하기 때문이다"라는 소문이 퍼진다. 쓰보이 시게지는 장시 「15엔 50전」에서 "폭도가 있어 방화 약탈을 범하고 있으니 시민들은 당국에 협조해 이것을 진압하도록 힘쓰라 / 그것이 경찰 게시판에 붙여져 있었다"라고 기록했다.

2일 밤부터 도처에서 조선인으로 오인받은 일본인들이 살해당하는 일들이 생긴다. "15엔 50전"을 표준어로 발음하지 못한 오사카나 오키나와 출신 일본인, 혹은 「교육칙어」나 역대 천황 이름을 암송하지 못한 일본인들이 살해되었다.

이틀 동안 진도 6 이상의 여진이 16번이나 강타한다. 오후부터 다음날 3일 오후까지 오토바이를 탄 경관과 군인이 "조선인이 쳐들어오니 여자와 어린

强盜、凌辱、放火를企畫
不良朝鮮人의暴動은如斯
秩序는恢復、人心은全然安定
福田戒嚴軍司令官發表

복덕게엄사령관(福田戒嚴司令官)은디라다음과갓흔발표를하얏스되이번의재해에당하야불량조선인의폭동이잇던바진재당초에삼삼오오의불량조선인이폭동을한것은사실이니즉횡빈(橫濱)부근에셔일부의됴선인은강도(强盜)강간(强姦)방화(放火)를게획하얏는듯호며동경지구(芝區田町停留場)부근에셔삼영제과소(森永製菓所)에방화하랴호자를발견호것과또귀정호(龜井戶)경찰셔에셔지난오일또션인여셧명과또이를션동호내지인의사회쥬의자(社會主義者)를구속호양눈대명령에굴복치아니하야폭행을할쑨안이라다른구금자를꾀어셔불온호행동을호일이잇섯스나군대와경찰관의힘으로불량됴션인일파의폭동은전연히침정되얏고동경횡빈의질셔는회복되야이졔는젼혀안졍되얏다더라

당시 유언비어가 어떻게 퍼졌는지 당시 '후쿠오카 게엄사령관 발표'라는 부제가 달린 기사 〈강범, 능욕, 방화를 기획〉(《매일신보》 1923. 9. 10)을 읽어보자.

"후카오카 계엄사령관은 대략 다음과 같은 발표를 하였으되, 이번의 재해에 당하여, 불량조선인의 폭동이 있던 바, 진재 시기에 삼삼오오의 불량조선인이 폭동을 한 것은 사실이니, 즉 요코하마 부근에서 일부의 조선인은 강도 강간 방화를 계획하였던 듯하며, 도쿄 지구 정류장 부근에서 삼영제과소에 방화하고자 한 자를 발견한 것과 또 카메이도 경찰서에서 지난 5일 또 조선인 여섯 명과 또 이를 선동한 내지인의 사회주의자를 구속했는데, 명령에 굴복치 아니하여 폭행을 할 뿐만 아니라 다른 구금자를 꾀어서 불온한 행동을 한 일이 있었으나, 군대와 경찰관의 힘으로 불량조선인 일파의 폭동은 전연히 침정되었고, 도쿄 요코하마의 질서는 회복되어 이제는 전혀 안정되었다."

나라시노 수용소, 사진. KBS 역사저널 그날 (2019. 4. 21) 방송 사진.

이는 안전 지대에 빨리 피난시켜라."며 외치고 다녔다는 증언이 있다.(〈호치신문〉, 1923. 10. 22)

9월 3일 월요일
가나가와 현 계엄령 공포

나라시노 기병 연대가 카메이도(龜戶) 역에서 열차를 타던 조선인을 끌어내려 총검으로 찔러 죽이자, 일본인 피난민은 "나라의 적! 조선인은 전부 죽여버려!"라고 외쳤다.(→2장 '15엔 50전' 49~51면, 66~69면 참조)

지바현 계엄령 공포

나라시노 수용소에 조선인 수용하기로 결정.

히가시카쓰시카군(東葛飾郡) 자경단이 호쿠소 철도공사에서 일하는 조선인 13인 외 조선인 3명을 학살한다.

조선총독부는 조선인 학살을 헛소문이라며 부인하는 입장을 보인다. 지진이 아닌 민족 간의 갈등으로 이슈가 되는 것이 부담스러웠기 때문으로 추측된다.

9월 5일 수요일

지바현에서 조선인 학살

지바 가이도 대로에서 조선인 16명이 한꺼번에 학살된다.

"조선인은 8명씩 두 줄, 그러니까 16명이었습니다. 헌병들은 조선인을 대중목욕탕에 넣었습니다. 저는 '여기서 보호하다가 나라시노 수용소로 보내겠구나' 생각했습니다. 근데 군대도 순사도 자취를 감추고, 목욕탕 뒤쪽에 묘지 근처에서 50~60명이 사람을 베고, 찌르고, 16명 모두를 죽였습니다."(우라베 마사오의 증언. 가토 나오키, 『구월, 도쿄의 거리에서』, 갈무리, 2015. 116~118면 요약)

계엄사령부에서 조선인 차별을 '자중' 하라고 발표

계엄사령부의 발표가 있어도 이날까지 도처에서 조선인 학살이 지속된다. 계엄사령부가 학살에 참여한 자경단들을 구속하지만, 대부분 증거 불충분으로 석방시킨다.

지바 나기노하라[ナギの原] 학살

나라시노 수용소에서 15명의 조선인을 4개 지역이 3~5명씩 할당받는다. 3명을 관음사 은행나무에 묶어두었다가, 8일 2명을 더 받아 나기노하라에서 5명을 참수한다. 9일 밤 1명을 더 살해하여, 모두 6명을 살해한다.(→4장 '오무라 마스오 교수와 세키 고젠 스님' 218~222면 참조)

임시정부 외무대신 조소앙의 항의 공문

1923년 9월 10일 대한민국 임시정부 외무대신 조소앙은 일본 총리 야마모토 곤베(山本權兵衛) 앞으로 '대한민국 임시정부의 대일 항의 공문' 을 발송한다.

"천지가 힘을 합하여 일본에 재앙을 내리니 도시 3곳이 불타고 일체의 모든 것이 파괴되었습니다. 들자 하니 측은하고 불쌍한 생각이 들어 은혜와 원수의 관계도 잊었습니다. 그러나 이때를 기다렸다는 듯이 사람들에게서 살기(殺氣)가 일어나고 천재지변의 원인을 한인(韓人)에게 전가하여 방화를 하거나, 폭탄을 투척한 자도 한인이라고 하면서 군사를 일으키며 전쟁을 선포하고 큰 적을 만난 것처럼 민군(民軍)을 부추겨서 무기를 들게 했습니다. 그리하여 노인, 아이, 학자, 노동자 가리지 않고 한인이라면 모두 잡아 죽였습니다."

9월 16일

오스기 사카에 살해 사건

오스기 사카에와 그의 내연녀 이토 노에, 그리고 7살 난 조카 다치바나 소이치가 헌병에게 살해당하는 '아마카스 사건'이 일어난다. 간토대지진 이후 조선인 학살뿐만 아니라, 사회주의자와 아나키스트도 학살되었다. (→3장 '오스기 사카에' 136~140면 참조)

10월 20일

간토 학살 신문 보도 통제가 풀리다

왜 조선인 학살에 대한 신문 기사는 10월 20일 이후에야 보도되었을까. 이 책에 나온 '조선인 학살' 신문 보도를 보면, 모두 10월 20일 이후인 것을 볼 수 있다. 조선인 학살은 실제 사건이 일어나는 동안 모두 은폐하다가, 외국인에게 알려지자 한 달이 훨씬 지난 10월 20일 보도 금지가 풀리면서 기사가 나오기 시작한다.

10월 28일
나라시노 수용소 조선인 수용 종료

10월 말에 나라시노 수용소에서 조선인 수용을 종료한다. 조선인 희생자 추도회가 도쿄 시바에 있는 조조지(增上寺) 사찰 본당에서 열린다. 불교조선협회, 민중불교단 등이 주최했고, 학살을 간신히 피한 조선인 소설가 정연규와 변호사 후세 다쓰지 등이 참여한다.

조선인들이 '재일본 관동 지방 이재(罹災)조선동포 위문반'을 조직, 11월까지 사망자 수 조사. 일본 정부의 방해로 어려움을 겪는다.

12월 5일
피살자 총합계 6,661명

1923년 12월 5일자 대한민국 임시정부 기관지 〈독립신문〉에, 학살로 인한 "피살자 총합계 6,661인"이라고 보도된다. 〈중앙공론〉 편집장인 요시노 사쿠조는 피살자 2,613명이라 주장했다. 일본 관헌의 사

1923년 12월 5일자 〈독립신문〉. 조선인 학살로 인한 사망자를 6,661명
으로 보도한 최초의 신문이다.

오사카 중앙공회당. 사진 게티이미지

법성은 피살자 233명, 내무성 경보국은 231명, 조선
총독부는 832명으로 보도한다.

오사카 중앙공회당 '조선인 학살 규탄 대회'

　오사카 나카시마노 공회당에 7,000여 명의 재일
조선인이 모여 '조선인 학살 규탄 대회'를 열었다.
30여 명의 연사가 학살을 규탄했다. 학살 사건 이후
일본에서 사는 삶에 불안을 느낀 조선인은 공포를
느끼고 있었다. 너무도 충격적인 학살 사건의 정확
한 진상 규명도 중요하거니와, 재일조선인의 결속과
생존을 도모하는 모임이 필요했던 것이다. 오사카

지역에는 재일조선인의 노동 운동과 일본 사회주의 운동이 모여 있어서, 강력한 저항이 가능했다.

1924년 9월 2일
지진 1주년

도쿄시 간다구 미토시로쵸 도쿄기독교청년회관에서 '지진 1주년 참사 지선인(支鮮人) 기도회'가 열린다. 중국인과 조선인 희생자를 기리는 기독교 단체의 기도회다. 노동조합 운동가인 가가와 도요히코(賀川豊彦) 목사 등이 발기인이다.

1982년 9월 1일
희생자 유골 발굴 작업

도쿄 아라카와 강변 등 희생자 매장 추정 지역에서, 시민 단체 회원들이 희생자 유골 발굴 작업에 나선다. 일본 정부는 매년 9월 1일을 방재의 날로 정하여 추모하지만, 조선인 학살은 언급하지 않고, 공식적으로 희생자 발굴 작업이나 신원 작업에 나선 적은 없다.(→ '봉선화, 니시자키 마사오' 229~237면 참조)

2007~2012년
넷우익, 재특회의 혐오 활동

'재일특권을 허용하지 않는 시민의 모임' 줄여서

'재특회'라는 극우 단체가 결성된다. 인터넷에서 극우 활동을 하는 넷우익과 결합하여, '잠재적 자경단' 역할을 한다. 신오쿠보 등지에서 조직적으로 '헤이트 스피치'를 하며 위협하기 시작한다.

2013년 2월
혐오에 반대하는 '카운터스'의 활동

넷우익과 재특회에 맞서는 대항 운동이 시작된다. 재특회의 활동이 줄어들기 시작한다.(→5장 '혐오에 대응하는 카운터스 운동' 268~273면 참조)

2016년 6월 3일
'헤이트 스피치 해소법' 통과

인종주의에 반대하는 '카운터스(Counters)' 운동 등이 있고, 이후 일본 국회에서 혐오 대책법 '헤이트 스피치 해소법'이 통과된다. 일본 경시청에 따르면 2013년에는 헤이트 시위 건수가 120건에 달했지만, 2016년 이 법이 제정된 이후 급격하게 줄어 2018년에는 30건, 2019년에는 10여 건으로 집계됐다. 6년 사이에 10분의 1 이하 수준으로 크게 줄어든다.

6,661명 학살을 일으킨 6가지 요인

1923년 12월 5일자 대한민국 임시정부 기관지 〈독립신문〉(이 책 25면 참조)은 조선인 학살로 인한 사망자를 6,661명으로 보도한 최초의 신문이다. 1면에 "일만(一萬)의 희생자"라는 큰 제목 옆으로 "슬프다 7,000의 가련한 동포가 적지(敵地)에서 피바다를 이루었다"라는 리드가 보인다.

본문을 보면 나리타, 나카노, 사이타마, 지바시 등 간토의 지역별 희생자 숫자가 나온다. 가령 지금 국제공항이 있는 나리타에서는 27인이 학살된 것으로 씌어 있다. 기사 하단부에 "피살자 총합계 6,661인"이라고 보도했다. 이 숫자는 실종자를 포함한 숫자이기에 정확하지 않을 수 있지만, 가장 포괄적인 첫 조사였기에 유의미하다. 1면 하단부에는 상하이 조선인 교민이 쓴 추도문과 추도가가 실려 있다.

간토대지진 이후 조선인 학살이라는 '집단적 광기'의 발단은 무엇일까. 계엄군이 만들어 뿌린 "센징[鮮人을 조심하라"고 써 있는 삐라에서 출발할 수 있다. 어떻게 '교육시켰기에' 삐라 한 장을 그렇게 쉽게 받아들였을까. 대규모 학살이 가능했던 몇 가지 동기는 다음과 같다.

1. 두려움은 혐오를 만들고, 혐오는 폭력을 만든다

간토대지진이 일어나기 3년 전에 있었던 3.1운동 때 일본은 군사력으로 7,000명 이상을 살해했고, 1만 명 이상을 체포했다. 이후 '무단 통치'가 '문화 통치'로 바뀌었다고 하지만, 조선인을 적으로 인식하는 인종주의는 오히려 일본에 넓게 퍼졌다.

3·1운동 이후 일본 신문은 조선인을 적으로 보도한다. 당시 신문 보도는 3·1운동을 무자비한 폭동으로 보도해서 일본인들에게 '조선인들은 무자비한 존재'라는 공포감을 심어주었다. 집단의 두려움은 집단의 광기로 변하고, 혐오의 대상을 집중하는 집단 폭력으로 변한다.

2. 일본의 노동 시장을 조선인이 빼앗는다는 불안이 넓게 퍼졌다

1910년부터 1918년까지 실행된 토지 조사 사업으로 많은 조선인 농민들이 경작지를 잃는다. 경제적 기반을 잃은 조선인 농부들은 일자리를 찾아 일본과 만주로 향한다. 일본으로 건너온 조선인들이 낮은 임금으로 일본에서 일했던 이유이기도 했다.

'동양의 맨체스터'라고 불리던 오사카로 2만여 명의 조선인 노동자가 몰렸고, 이 때문에 일자리를 잃었다는 일본 노동자와 시민들의 원망이 쌓여 있었다.

대지진이 일어나기 4개월 전, 1923년 5월 1일 노동절 집회에 참가한 조선인들에게 일본 당국은 폭력적인 탄압을 가하기도 했다.

억압은 전염병과 비슷하다. 억압은 억압을 불러일으킨다. 억압 받는 자는 억압할 대상을 찾아 억압한다. 군국주의 체제에 억압받고 있던 일본 국민들은 억압할 대상을 찾는다. 간토대지진을 빌미로 조선인은 억압의 대상이 되어 무참히 학살된다.

3. 조선인을 비하하는 '후테이센진'이라는 이미지

메이지[明治] 이래 일본이 어떻게 아시아를 가르쳐왔는가 하는 교육 내용을 보면 알 수 있다. 당시 일본은, 중국과 조선은 아직 발전하지 못한 미개한 나라이고, 반대로 일본은 뛰어난 민족으로 가르쳐 왔다. 교육으로 인해 일본인들은 무의식중에 조선인과 중국인을 인간 이하의 민족으로 보게 된다.

1910년대부터 일본인은 조선인을 '후테이센진[불령선인, 不逞鮮人]'으로 표현했다. 령(逞)은 즐거운 상태를 뜻한다. 불령(不逞)이란 즐거움 없이 불만, 불평 따위를 품고 멋대로 행동하는 이를 일컫는다. 1919년 3·1 운동 이후 재일조선인이 급증하자, 일본 경찰과 언론은 조선인을 적대시하거나 무시하는 의미로 '후테이센진'으로 불렀다.

1922년 11월 재일아나키스트 박열(朴烈, 1902~1974))은 '후테이센진'을 놀리는 재미있는 일을 기획한다. 흑우회(黑友會)를 조직한 박열은 '가늘지 않은 두꺼운 조선인'이라는 뜻을 가진 월간 잡지 『후테이센진(太い鮮人)』을 간행했다. 비슷한 발음으로 조선인은 오히려 굵은 삶을 사는 존재라고 강조한 것이다.

1923년 9월 1일 간토대지진 이후 일본 언론들은 "후테이센진을 조심하라"는 유언비어를 많이 퍼뜨리면서, 이 말은 조선인 학살을 획책하는 선전 선동의 도구가 된다.

4. 계엄령과 "조선인이 우물에 독을 넣는다"는 혐오성 유언비어가 결정적이었다

괴기담은 지진 발생 3시간 정도 지난 오후 3시경부터 "조선인들이 불을 지르고 다닌다"는 소문으로 퍼지기 시작한다.

다음날 9월 2일 오전 10시부터는 "지진 이후 큰 화재는 조선인이 폭탄을 던지고 방화를 하기 때문이다"라는 소문이 퍼진다. 이날 오후부터 다음날 3일 오후까지 오토바이를 탄 경관과 군인들이 "조선인이 쳐들어오니 여자와 어린이는 안전 지대에 빨리 피난시켜라"며 외치고 다녔다는 증언(〈호치신문〉, 1923년 10월 22일)이 있다.

가장 넓게 퍼진 유언비어는 "조선인들이 우물에 독을 넣는다"는 말이었다. 우물에 독을 타면, 일본인들만 그 우물물을 마시는 것이 아닐 텐데, 말도 안 되는 유언비어는 괴기담처럼 퍼져나갔다.

지진(地震)이 진재(震災)로 변화하며 조선인과 중국인 학살로 일시에 번지는 데는, 계엄군에 의한 소문이 놓여 있다. 계엄군이라는 국가의 묵인에 따라 자경단이나 일본 국민은 기계처럼 폭력을 행사했다.

일본 당국은 지진으로 인해 정부로 향하는 국민들의 공포와 불안을 조선인에게로 향하는 불안과 공포로 바꿀 수 있었다. 이것은 개인의 폭력 이전에,

국민들에게 내셔널 아이덴티티를 강요했던 '국가적 폭력'이었다.

5. '자경단'이라는 훈련된 예비 학살 조직이 있다

스스로를 지킨다는 자경단(自警團)은 일종의 향토예비군 같은 민간 단체였다. 자경단은 간토대진재가 일어나면서 갑자기 생긴 조직이 아니다. 1918년 '쌀 소요' 때 경찰서가 공격을 받은 적이 있어, '민중의 경찰화'라는 슬로건으로 지역 지주들의 도움을 받아 주민들을 조직하여 경찰 편으로 끌어들인다. 간토대진재 이전에 이미 도쿄 지역에만 3,600여 개가 넘는 자경단이 있었다.

계엄령 아래 군대·경찰·헌병은 총출동하여, 서민들에게 자경단을 통해 현장을 지키라 하고, 학살을 지원하기도 한다. 조선인을 학살하는 주체가 일본 국가가 아니라, 대리 학살인 '자경단'으로 보이도록 했다. 자경단 뒤에는 군대·경찰·헌병이 있었고, 그 뒤에는 일본 국가가 있었다.

군대가 출동한 지역일수록 더 끔찍한 학살이 벌어졌다고 한다. 계엄령이 9월 3일에 새롭게 적용된 요코하마시에서는 낮에 군대가 도착하여 1,000명 정도의 병력이 경비를 섰지만, 군대는 경찰·자경

자경단의 흉기.

단의 학살을 단속하지 않고 오히려 가담했다. 그 결과 조선인과 중국인에 대한 학살과 유언비어는 처음 발생했던 때보다도 계엄령에 의한 군정이 펼쳐지고 나서 더 공공연하고 전면적으로 벌어졌다.

량영성, 『혐오 표현은 왜 재일조선인을 겨냥하는가』,
산처럼, 2018, 124면

자경단의 학살이 일본 정부의 통제를 벗어나 심각한 지경에 이르자, 계엄사령부는 포고령을 내려 자경단의 활동을 제재한다. 일본인까지 학살하는 자경단이 있어 검거하기도 하지만, 검거된 사람들은 대부분 집행유예를 받고 석방되고, 극히 소수만 실형을 받는다.

폭력을 정의라고 생각하는 조직은 위험하다. 폭력적인 욕망을 품고 있다가 어떤 계기에 이르면 폭력을 저지르기 때문이다. 과거에 '자경단'이 있었다면, 현재 일본에는 2007년에 발족한 극우 단체인 '재특회(在特會)'가 있다. 재일 곧 '자이니치들의 특권을 용납하지 않는 시민 모임(在日特權を許さない市民の會)'이라는 뜻이다. 이들이 말하는 '재특'(在特)이란 1991년부터 일본에서 시행된 '특별 영주 자격'을 뜻한다. 이들은 도쿄 특히 한국인 상가가 밀집한 신오쿠보에서 혐오 시위를 일으켰다. 재특

회가 위험한 것은 100년 전 이미 조직된 자경단이 국가 폭력을 대리한 사례가 있기 때문이다. 이 책 5장에 나오는 '카운터스'가 자경단에 맞서며 그 규모를 줄이는 역할을 했다.

6. 일본만이 최고라는 국가주의가 세뇌되어 있었다

간토대진재 때 조선인 학살 사건의 배후에는 국가주의 교육과 당시의 현실 논리가 놓여 있다. 그중에 무엇보다도 문제가 되는 것은 일본이란 국가만을 세계에서 뛰어난 국가로 강조해 교육해온 '일본판 오리엔탈리즘'이다.

당시 일본의 군국주의는 국민들에게 '국가주의적 정체성(National Identity)'을 '교육칙어' 등을 통해 끊임없이 강요했다. 일본 '국가'에 종속되어 있는 개인들은 자신의 존재성을 잃고, 집단적 광기의 세계로 빠져들었던 것이다. '국가'라는 가치관에 늘 세뇌되어온 '개(個)'의 인생들은 '국(國)'을 위해 투신하도록 훈련되었다. 군국주의 일본은 감시가 구석구석까지 미치는 철저한 규율 사회였다. 일본이라는 폐쇄 사회 속에서 천황 중심의 규율 아래 교육받는 과정에서 개인은 완전히 국가의 명령에 따르게 된다.

치유되지 않은 정신적 외상인 서구의 지리적 폭력으로부터 벗어나, 다른 아시아 국가에 대해 오리엔탈리즘의 주도적인 힘을 행사하기 위해서는 '어떻게 하면 좋을까' 라는 동기에 의해 유지되어 왔다. 그리고 아시아와의 권력 문제, 지배 관계 그리고 다양한 헤게모니 관계는, 19세기 이후의 구미 제국주의에서는 볼 수 없었던 전방위에 걸친 집약적인 방사형(放射型) 식민지 제국의 구조로 변해갔던 것이다.

姜尚中, 『オリエソタリズムの波方へ― 近代文化批判』, 岩波書店

바로 일본판 오리엔탈리즘, 말 그대로 내셔널 아이덴티티가 강요되는 전개 과정에서 간토대진재의 조선인 학살은 그 처형장이었다.

2.

15엔 50전

15엔 50전

쓰보이 시게지[壺井繁治]

김응교 옮김

1923년 9월 1일
정오 2분 전, 그 순간
지구 일부분이 격렬하게 몸부림쳤다
간토 일대를 뒤흔든 대지진
이 재앙을 누가 예견했을 것인가

그날 새벽녘
굉장한 호우가 쏟아졌다
그것은 지상에 있는 모든 것을
일거에 밀어 흘러버리려는 정도의 기세로 내리
쏟아졌다
모든 사람들이 아직 잠들어 있는 상태를
그 잠조차 밀어 흘러버릴 정도로 강하게

왠지 잠 못 이루고
심야에서 아침에 걸쳐
나는 시를 내리 써댔다
팔릴지 안 팔릴지 예측할 수 없는 시의 한 행 한 행을

비는 잠시도 쉬지 않고 내리 쏟아졌다
모든 사물의 소리를 감쪽같이 없애고
단지 빗소리만 전세계를 지배하려는 듯이
비 속으로
우에노[上野] 동물원의 사자가 멀리 길게 짖는 소
리가 조각조각 들려왔다
지금 생각하면
그 야수는
지진계보다도 정확하게
그 예민한 감각으로
이미 저 지진을 예지하고 있었을지도 모른다
그런지도 모르고
미개(未開)의 깊은 숲에서 혼자 깨어있듯 불안해
하며 시를 내리 썼고
사람들이 깨어나기 시작할 무렵
나는 겨우 잠에 들었다

앞뒤를 모를 만큼 깊은 잠에서
나를 흔들어 깨운 것은 저 대지진이었다
내가 눈을 떴을 때
벌써 방 벽은 소릴 내면서 부서져 내려
어찌 할 수 없는 힘으로 내 모든 감각에 달겨들었다
나를 지탱해준 것은

덜컥덜컥 격하게 소릴 내며 좌우로 움직이는 기
둥뿐이었다
　그 기둥에 매달려 있으면서 느낀 것은
　─이젠 끝났다！
　단지 그것뿐 절망감뿐이었다
　한차례 요동에 흔들리고 난 뒤에
　지진이 가까스로 잠잠해졌다
　그 잠잠해진 틈을 타서 하숙집을 뛰어나왔다
　절벽을 내려오듯 무너진 계단을 건너자
　또다시 지축을 울리는 큰 동요(動搖)가 다가왔다
　오가는 전봇대가 마치 젓가락 움직이듯
　좌우로 크게 요동하며 움직이는 것이 착각처럼
비쳤다

　나는 그 밤, 우에노 산에서 하룻밤을 새웠다.
　우에노역이 내려다 보이는 절벽에 서서
　그치지 않고 퍼져가는 불을 내려다보면
　너무도 강한 불의 자극에 머리가 저려왔다
　아사쿠사[淺草]·시모야[下谷]에 늘어선 집을 핥
아 없애는 불은
　1리(里)[1]쯤 앞에서 타고 있는 듯이 보이는데도
　내 뺨에 화끈거리기조차 했다
　어느 쪽을 바라보아도

도쿄의 거리거리는 언제 사라질지 모를 불바다
가 있어
　그것을 바라보는 군중의 웅성거리는 소동에 섞여
나는 뭔가 생각할 수도 없이
　그저 멍하니 불의 대군단(大群團)에서 눈을 뗄 수
가 없었다
　불, 불, 불….
　그저 그 말만 하며 보는데도
　내 눈동자는 끝없이
　불 쪽으로 빨려지고 있었다

　이 불이 꺼지지 않는 중에
　벌써 유언비어가 시중에 문란하게 떠다녔다
　―요코하마 방면에서 센징[鮮人][2)]이 떼를 지어
밀려오고있다!
　―메구로[目黑] 경마장 부근에 삼사백 정도의 '불
령선인'[3)]이 모여
　뭔가 불온한 기세를 올리고 있다!

---

1) 일본의 1리(里)는 4km다. 이후의 각주는 모두 번역자의 해설이다.
2) 센징(鮮人)은 조센징(朝鮮人)이란 단어에서 '아침'(朝)이란 단어를
뺀 심한 차별어로, 당시 계엄군이나 정부 문서에서도 자연스럽게 쓰
였다.
3) '불량한 조센징'은 조선인을 지칭한 차별어다. 이 책 31~32면 참조.

—센징이 집집마다 우물에 독약을 던져 놓고 있
으니, 먹는 물을 주의하라!

- 사회주의자가 폭동을 일으키려고 하고 있으니,
경계하라!

이런 소문들은 정말 아주 그럴싸하게
사람과 사람에게 전해지고 있었다

내가 친구들의 안부가 염려되어
우시고메벤텐쵸[牛靹天町]4)의 하숙집을 방문했
을 때
거기에도 그 소문만 자자했다
그 친구를 데리고 나와
우리들은 무너진 거리로 나왔다
사람들은 그저 거리를 우왕좌왕하고 있었다
그것은 마치 격렬한 마쓰리[祝祭]였다
하지만 그 축제 소동을 지배하는 것은
총검으로 굳어져버린 계엄령이었다

---

4) 현재 와세다대학의 동쪽 지역을 말한다. 옛날 이 지역과 요도바시[定
橋] 지역이 합쳐져 지금의 신주쿠 지역이 되었다. 지금도 행정구역 이름
으로 '벤텐쵸'[辯天町]라는 이름이 남아 있고, 아직 이 거리에 '우시고메
벤텐쵸 파출소'도 있다. 시인 자신이 당시 와세다대학에서 공부했었기에
여기에 친구들이 살았던 모양이다. 당시처럼 지금도 와세다대학으로 오
는 지방 출신 학생들을 위한 하숙집이 여기에 많이 있다.

우리들은 야라미시타[矢來下]5)에서

오토배[音羽]로 통하는 다리 앞에 설치되어 있는

계엄 검문소를 지나려는데

—이봐! 거기 서!

라며 불러 멈춰섰다

놀라서 뒤돌아보니

검을 꽂은 총을 어깨에 맨 병사가

—당신! 센징이지?

라며 다그쳤다

나는 그때, 긴 머리에 물색 루바슈카6)를 몸에 걸

5) 야라미시타[矢來下]에 전차 종점이 있었다. 야라미시타나 오토배[音羽]
는 모두 와세다대학 동편 지역으로, 와세다대학 학생 중에 좌익 학생이
많아 계엄군이 이 지역을 먼저 순찰했다고 한다.

6) 루바슈카(rubashka, ルバシカ)는 당시 유행했던 옷으로, 단추 없이 뒤
집어써서 입는 러시아의 민족의상이다. 톨스토이는 말년에 농민들이 입
는 루바슈카를 입고 지냈다.

1914년 일본에 체재한 러시아 시인인 청년 에로센코(Vasilii Eroshenko,
1889~1952)가 루바슈카를 입어 유명해졌다고 한다. 정지
용의 시 「카페 프란스」(1926)의 2연 1행을 보면 "이놈
은 루바슈카 / 또 한놈은 보헤미안 넥타이 / 뺏적 마
른 놈이 앞장을 섰다."라는 구절이 나온다. 당시 러
시아풍 패션이 젊은이 사이에서 유행했다는 사실을
볼 수 있는 구절이다.

예술파 시인 키타하라 하쿠슈[北原白秋]도 루바슈카
를 입는 등 처음엔 개성 있는 옷이었는데, 쇼와 초기와 간
토대진재 시대에는 사회주의자들이 입는 옷으로 오인되기도 한다. 쓰보이
시게지, 박팔양, 김기진도 루바슈카를 입고 다녔다. 이에 관해서는 히로코[眞
田博子]의 『최초의 모더니스트 정지용』(역락, 2002년) 113쪽을 참조바란다.

치고 있었다

그것은 누가 보더라도 한눈에 주의를 끌 만치 이
상한 모습이었다

나는 그 이상한 내 모습을 처음 깨달아 깜짝 놀랐다

나는 위병의 압도적인 심문(訊問)에 당황해하면
서도

—아뇨, 일본인입니다. 일본인입니다.

라며 필사적으로 변명했다

곁에 있던 친구도 나를 위해 변명해주었다

그래서 우리들은 겨우 위험한 검문소를 통과했다

나는 병사에게 불려 멈춰섰을 때의 공포보다도

그후에 닥친 공포에 넋까지 떨리는 느낌이었다

—이런 곳에 들락날락하면

목숨이 위험하지!

내가 나에게 훈계하면서 친구와 헤어졌다

나는 이제 친구 한 사람의 안부를 묻지 않으면 안
되었기 때문에

몸을 숨길 생각으로

딴 생각하지 않고 부리나케

호국사(護國社)[7] 쪽을 향해 길을 서둘렀다

목적지는 타키노가와[瀧野川]였다

그러자 저편에서 나팔 소리를 선두로 한

기병(騎兵)의 대집단이 행진해왔다

오토바8정(音羽八丁) 거리를 꽉 채워버린 기병 집단의 행진은

금방 시가전이라도 터질까 생각날 만치 살기(殺氣)스런 분위기를

거리에 흩뿌렸다

그 살벌했던 분위기 위에 살기(殺氣)를 더한 것은

거리마다 붙여져 있던 벽보였다

—폭도가 있어 방화 약탈을 범하고 있으니 시민들은 당국에 협조해 이것을 진압하도록 힘쓰라[8]

그것이 경찰 게시판에 붙여져 있었다

나는 이때 처음 확인했다

어디선가 시작되어 뿌려진 유언비어의 발화지가 어디였는지를

타키노가와 친구 집은 다행히 무사했지만

새로운 재앙이 그 집 주위를 맴돌고 있었다

그 친구는 사회주의자이고

---

7) 와세다대학에서 동북쪽에 있는 절로 지금도 있다. 와세다대학 정문에서 걸어서 20분쯤 걸린다.

8) 실제 내용으로 그 자료가 남아 있다. 이 벽보 때문에 조선인 학살이 더욱 부채질되었다. 시 원문에는 이 부분만 당시 쓰는 관공서 어투의 일본어로 쓰여 있다.

늘 수상한 사람이 그 집에 많이 출입한다는 이유로
근처에서 눈을 부라리고 있던 차에,
센징의 소동, 사회주의자의 소동은
시간이 갈수록 시민 사이에서 퍼져나갈 뿐이니,
내가 그 집에서도 한가히 앉아 있을 수가 없었다
어디선가 조선인 한 무리가
철사로 줄줄이 묶여
시냇가 한가운데 처박혀 죽어간다는 소문을 들
은 것도 이 친구 집이었다
나는 불운(不運)의 원인이 될 수 있는 루바슈카를
벗어 던지고
유카타와 하카마9)와 검고 가벼운 모자를 빌려
그 모자를 꽉 눌러 써서 긴 머리를 감추고
그래서 다시
우시고메벤텐쵸의 하숙집으로 되돌아갔다

그 길에, 도미사카[富坂] 근처에서
구경꾼에게 둘러싸여

---

9) 유카타[浴衣]와 하카마[袴]는 모두 일본의 전통적인 옷
으로 유카타는 홑겹으로 되어 있는 편안한 형태의 의상
으로 격식이 필요없는 자리에서 입을 수 있는 옷이다. 하
카마는 주름이 잡혀 있는 하의로 지금도 일본에서는 대
학 졸업식 때 하카마를 입는다.

불갈구리[10]가 등짝 한복판에 찍혀서

자기가 흘린 핏물 웅덩이에 쓰러져 있는 조선인

노동자 같은 사내를 이 눈으로 보았다

그것은 거기뿐만 아니라

가는 곳마다 행해진 테러였던 것이다

재앙 위에 새로운 재앙이 겹쳐 늘어져 있는 도쿄

를 뒤로 하고

타바타[田端]역[11]에서 피난 열차에 올라탄 것은

9월 5일 아침이었다

여기서도 야만적인 눈이 데굴데굴 빛나고 있었다

---

10) 조선인 학살 때 많이 쓰인 도구로 일본도, 죽창 등이 있으나 가장
많은 피해를 준 도구는 불갈구리다. 본래 불 끄는 도구이지만, 간토
대학살 때는 학살 도구로 썼였다. 일본어로는 도비구치. 「15엔 50전」
에도 나오는 이 도구를 우리 옛말인 '불갈구리'로 번역했다.

11) 도쿄의 북쪽에 있는 역이다. 이 역에서 기차를 타면 닛뽀리를 거쳐
지방으로 나갈 수 있었다. 가령 1980년대까지 서울 마장동에 가면 포천
이나 동두천 외곽으로 갈 수 있는 시외버스터미널과 비슷한 지역이다.
화자 '나'는 도쿄를 피해 지방으로 가려고 한다.

—이 속에도, 주의자(主義者)[12])랑 센징[鮮人]들이
숨어 있을지도 모르지
　　몸을 움직일 수도 없는 차 안에서 이 폭언에
　　나는 가슴 한복판에 못이 때려박혀진 듯하여
　　무심코 꽉 눌러 쓴 모자의 챙을 더 깊이 끌어내렸다
　　머리가 길다라고 하는 것이
　　사회주의자의 한 가지 표시였기 때문이니

　　기차가 역에 도착할 때마다
　　칼을 꽂은 총이 플랫폼에서 차 안으로 들여다본다
　　수상한 인간이 몰래 숨어 있는지
　　저것은, 도대체 어느 역이었을까
　　우리들의 열차는 어떤 작은 역에 멈추면서
　　말했듯이 검을 꽂은 장총을 맨 병사가 차내를 검
색하러 들어왔다
　　그는 소처럼 큰 눈을 뜨고 있었다
　　그 큰 눈으로 차내를 힐끔힐끔 둘러보더니만
　　갑자기, 내 곁에 쪼그리고 있는 시루시반텐[印絆
지][13])을 입은 남자를 가리켜 소리질렀다
　　—십오엔 오십전(十五円 五十錢)이라고 해봐 !

12) 사회주의자를 말한다.

손짓당한 그 남자는

군인의 질문이 너무도 갑작스러워

그 의미를 그대로 알아듣지 못해

잠깐, 멍하게 있었지만

곧 확실한 일본어로 대답했다

—쥬우고엔 고쥬센

—좋아!

칼을 총에 꽂은 병사가 사라진 뒤에

나는 옆에 있는 사내의 얼굴을 곁눈질로 보면서

—쥬우고엔 고쥬센

쥬우고엔 고쥬센

이라고 몇 번이나 마음속으로 반복해보았다

그래서 그 심문의 의미를 겨우 이해할 수 있었다

아아, 젊은 그 시루시반텐이 조선인이었다면

그래서 "쥬우고엔 고쥬센"을

---

13) 시루시반텐[印半纏 印半天]은 가게
점원이나 마츠리 축제 때 입는 옷이다.
하오리(はおり)보다는 짧으며 옷깃을 뒤
로 접지 않는 옷으로, 등에 가문(家紋)을
날염한 윗도리다. 특히 두꺼운 천으로
만들어진 소방용 옷에는, 등 뒤에는 소
속된 소방사의 문장(紋章)이 적혀 있었
다. 가장 일본적인 옷이었기에 조선인이
입고 있으면 일본인으로 보였을 것이다.

"츄우코엔 코츄센"이라고 발음했더라면
그는 그곳에서 곧 끌어내려졌을 것이다

나라를 빼앗기고
말을 빼앗기고
최후에 생명까지 빼앗긴 조선의 희생자여
나는 그 수를 셀 수가 없구나

그로부터 벌써 24년이 지났다
그래서 그 뼈들은
이제 흙이 되어버렸을까
가령 흙이 되었더라도
아직 사라지지 않은 증오에 욱신거리고 있을지
도 모르지
당신들을 그리워하며
여기에 모인 우리들 마음의 쓰라림과 함께

당신들을 죽인 것은 구경꾼이라고 할까?
구경꾼에게 죽창을 갖게 하고, 소방용 불갈구리
를 쥐게 하고, 일본도를 휘두르게 한 자는 누구였던
가?
나는 그것을 알고 있다
"쟈부통"이라고 하는 일본어를

"사후통"으로밖에 발음할 수 없던 탓에
칙어(勅語)[14]를 읽게 해서
그것을 읽을 수 없었기 때문에
그저 그것 때문에
무참히 살해된 조선의 친구들이여
그대들 자신의 입으로
그대들 자신이 살아있는 몸으로 겪은 잔학함을
이야기할 수 없다면
그대들을 대신하여 말할 자에게 전하시오
지금이야말로
강제로 강요되었던 일본어 대신에
다시 탈취한
부모로부터 받은
순수한 조선어로

---

14) 천황에 대한 충성의 맹세가 담겨 있다. 당시 거의 모든 사람들이 외우고 있던 '교육칙어(敎育勅語)'를 말한다.

쓰보이 시게지의 증언

쓰보이 시게지[壺井繁治, 1898~1975]는 카가와현 [香川縣] 쇼도섬[小豆島]에서 태어났다. 와세다대학 문학부 영문과를 중퇴한 그는 미술가가 되기를 원했다. 다이쇼[大正] 말기에 예술 혁명을 주도하며 다다이스트가 된다. 이어 1923년 하기와라 교오지로 [萩原恭次郎], 오카모토 쥰[岡本潤], 가와사키 초오타로[川崎長太郎]와 함께 전위시지(前衛詩誌)〈적과 흑(赤と黑)〉(1923~1924)을 창간한다. 제1차 세계대전 후의 사회 불안 속에서 전위예술운동의 일익을 담당했던 이 잡지의 표지에는 "시란 폭탄이다! 시인이란 감옥의 견고한 벽과 문에 폭탄을 던지는 검은 범인이다!"라고 쓰여 있었다. 이후 도쿄에서 시인으로 활약하고 있던 쓰보이 사카에[壺井榮, 1899~1967]와 1925년 결혼한다. 남편의 행동을 믿는 그녀는 이후 감옥에 갇힌 남편을 위해 옥바라지하면서 작품을 써서 베스트셀러 작가가 된다.

쓰보이 시게지는 아나키즘의 입장에서 예술 혁명에 근거한 사회 변혁을 지향했다. 아나키즘 입장

쓰보이 시게지. 1923년에 창간한 전위시지 〈적과 흑(赤と黒)〉

을 취했던 그는 분열 소동에 휘말려, 1927년 괴한에
게 습격당한 후, 아나키스트의 입장에서 멀어진다.

1928년 2월 좌익예술동맹을 만들어 아나키즘에
서 마르크스주의자로 명확히 전환하고, 1928년 3월
일본좌익문예가총연합에 가입한다. 기관지 〈좌익
예술〉을 창간하고 좌익 정치 운동 및 노조 운동을
적극적으로 행하면서, 「머리 속의 병사」(頭の中の
兵士)(1928) 등 제국의 전쟁을 반대하는 저항시도
발표한다. 1929년 그는 나프의 재편성으로 태어난
일본프롤레타리아작가동맹의 창립 위원으로 참가
한다. 이후 여러 번 검거되고 투옥된다. 전후 1945년
에는 신일본문학회의 창립에 참가한 뒤, 일본공산당

의 독자적인 지휘 아래 〈신일본시인(新日本詩人)〉,
〈시인회의〉에 정열을 쏟는다.

일본 문학사에서 그는 나카노 시게하루[中野重
治], 오구마 히데오[小熊秀雄], 이토 신키치[伊藤信
吉], 오노 도자부로[小野十三郎] 등과 함께 업적을 남
긴 프롤레타리아 시인으로 기록된다. 특히 그는 간
토대진재의 조선인 학살을 테마로 한 장시 「15엔 50
전」(『新日本文學』 1948. 4)을 남겨 주목된다. 3편의
에세이 「15엔 50전―진재추상기(震災追想記)」
(1929), 「진재의 추억」(1947), 「크게 잃어버린 물
건―간토대진재 기념에 기하여」(1961)를 남기기도
했다.

「15엔 50전」을 처음으로 번역하여 실었다. 국가
적 폭력이 무차별하게 자행되고 있는 요즈음, 꼭 읽
어야 하는 작품이기에 전문을 번역 소개했다. 번역
한 원본은 『쓰보이 시게지 전집』(國文社, 1970)에 실
려 있다.

일본 안의 적, 파시즘

　모두 14연 204행에 달하는 장시 「15엔 50전」은 일본시로서는 보기 드문 장시(長詩)다. 시에 대한 그의 생각은 보통 일본 시인들과는 조금 유별났다.

　그는 일본 근대시가 유럽 근대시의 영향을 받았다고 주장한다. 프랑스에서 상징주의의 완성으로 정점에 도달한 유럽의 근대시는 "사회와 개인을 분열시킨 자아(自我)의 고독한 모놀로그(獨白)"이며, 시인은 '자아의 밀실'(壺井繁治, 「二つの朝鮮敍事詩について」, 『詩と政治の對話』, 新興書房, 1967. 74면)에 이르게 되었다고 비평한다. 이 '자아의 밀실'이 일본 문단에 주류를 형성하고 있다고 비판한다. 신체시의 시인 간바라 아리아케[蒲原有明]의 시를 그 예로 든다. 수입된 유럽의 근대시와 맞물린 일본 특유의 사적(私的) 세계에 갇혀 있는 '자아의 밀실'로부터 서사(敍事)의 세계로 나와야 한다고 쓰보이 시게지는 생각했다. 그는 유럽의 근대시 정신을 단절시키고 서사시 정신의 모범을 보인 예로 조기천의 서사시 「백두산」을 소개한다. 쓰보이 시게지는 어떻게 서사 정신을 표현했을까.

먼저 「15엔 50전」은 사건이 생기던 날 심야의 기억에서 출발한다. "그날 새벽녘 / 굉장한 호우가 쏟아졌다"(2연)며 뭔가 예견할 수 없는 불안감을 나타낸다. 이어서 "비 속으로 / 우에노 동물원의 사자가 멀리 길게 짖는 소리가 조각조각 들려왔다 / 지금 생각하면 / 그 야수는 / 지진계보다도 정확하게 / 그 예민한 감각으로 / 이미 저 지진을 예지하고 있었을지도 모른다"며 당시의 불안감을 민감하게 반영한다. 깊은 잠에 빠진 그를 흔들어 깨운 것은 대지진이었다.

> 덜컥덜컥 격하게 소릴 내며 좌우로 움직이는 기둥뿐이었다
> 그 기둥에 매달려 있으면서 느낀 것은
> ─이젠 끝났다!
> 단지 그것뿐 절망감뿐이었다

1923년 9월 1일 오전 11시 58분, 사가미만[相模灣] 북부를 진원지로 하는 진도 7.9도의 대지진이 일어났다. 도쿄, 가나가와, 지바, 사이타마, 이바라키, 시주오카에서 이재민 340만 명, 사망자 9만 명, 부상자 10만 명, 행방불명자 4만 명의 피해가 났다. 8연

까지의 전반부 110행은 진재의 비참한 상황과 병대, 경찰, 소방단, 자경단의 살기등등한 모습을 생생하게 표현한다. 특히 작가가 주목하고 있는 것은 계엄령 상황이다.

> 그 살벌했던 분위기 위에 살기(殺氣)를 더한 것은
> 거리마다 붙여져 있던 벽보였다
> ─폭도가 있어 방화 약탈을 범하고 있으니 시민들은 당국에 협조해 이것을 진압하도록 힘쓰라
> 그것이 경찰 게시판에 붙여져 있었다
> 나는 이때 처음 확인했다
> 어디선가 시작되어 뿌려진 유언비어의 발화지가 어디였는지를

지금도 조선인 학살 사건을 일본 정부는 '유언비어에 의한' 시민의 우발적인 폭동이었다고 한다. 반면 시인은 "유언비어의 발화지가 어디였는지"를 정확히 지적하고 있다. 집단 광기(狂氣)의 발화지는 일본 경찰이며, 그 배후에는 일본 정부가 있다고 증언한다. 시인은 이 대목이 시의 중요한 창작 동기임을 밝힌다.

> "민중에게 유포시킨 유언비어의 최초의 제조원

(製造元)이, 조선이라는 나라를 빼앗은 당시 일본의
지배 세력이라는 사실, 이것에 관한 고발로서 「15엔
50전」을 썼다."

壺井繁治, 「朝鮮をめぐる日本の詩人たち：詩を通して,

日・朝人民の連帯について」

시인의 말마따나 이 사건은 일본의 지배 세력에
의한 사건이었다. 시인은 이 사건을 민족 대 민족의
싸움이 아닌, 가해자에 의한 피해자의 죽음으로 본
다. 시인은 조선인에게 이족(異族) 혐오의 애국주의
(jingoism)를 부추기려고 하지 않는다. 그는 일본인
이라는 '우리' 안에 적을 겨냥하고 있는 것이다. 그
가 본 '일본 안의 적'은 당시의 지배 체제였다. 반대
로 지배 체제가 본 '일본 안의 적'은 사회주의자와
조선인 등이었다.

사건이 일어나기 1주일 전인 8월 24일 수상 가토
도모사부로[加藤友三郎]가 사망했다. 때문에 해군
대장 야마모토 곤베[山本權兵衛]가 급히 8월 28일에
제2차 내각에 착수했다. 9월 1일 "그날은 야마모토
곤베 각하가 내각을 조직하던 날"이었다. 제2차 야
마모토 내각은 간토대진재가 나자마자 9월 2일에
계엄령을 도쿄 주변에 발표한다.

때는 장기 불황에 항의하는 실업자의 폭동이 예

견되는 위험한 시기였다. 바로 이때, 그 폭동을 미리 막기 위한 희생양, 혹은 연습 대상으로 조선인에 대한 유언비어를 살포했다는 견해도 있다. 이른바 '내란 진압을 위한 연습'이었다는 것이다. 역설적으로 간토대진재는 새 정권의 권력을 과시하면서, 국민을 하나로 묶어낼 수 있는 좋은 기회다.

본래 계엄령은, 전시 등의 비상시에 질서 유지와 회복을 위해 군사권을 발동하는 법률이다. 일본의 계엄령에는 군사 계엄과 행정 계엄이 있다. 군사 계엄은 청일, 러일 전쟁 때 히로시마, 사세보[佐世保], 타이완 등지에 실시되었고, 행정 계엄은 1905년 히비야 방화 사건[日比谷燒き打ち事件]과 간토대진재, 그리고 1936년 2·26 사건 때에 도쿄시 주변과 지방에 발표되었다. 계엄령과 함께 활약했던 재향 군인은 현역 군인 이외의 예비·후비역(後備役)이거나 지역의 말단 조직으로, 군대의 무력으로 불안을 억제시키고 사회를 안정시키는 역할을 했다.

자경단은 그전부터 있던 자발적으로 조직된 주민의 지역 경비 단체였다. 물론 정상적인 활동을 했던 지역도 있었으나, 당시 계엄령은 불타고 있는 일본의 집단주의에 기름을 끼얹었다. 그렇지 않아도 불황과 지진으로 불안해하는 민심(民心)을 흥분시켜, 시민을 적전근무(敵前勤務)의 심리 상태로 몰아

넣었던 것이다. "그 살벌했던 분위기 위에 살기를 더한 것"이라는 표현 그대로였다. 약 3,000명의 자경단이 들고 있던 죽창과 곤봉, 그리고 일본도, 이 흉기들은 '일본 안의 적', 조선인과 중국인, 그리고 사회주의자들을 겨냥하고 있었다.

민족 대 민족이 아닌 가해자 대 피해자

대지진의 혼잡한 상황하에 자본가와 지주 계급의 손 아래 있던 당시 제2차 야마모토 곤베 내각은 모든 기관을 동원하여 무수히 많은 반대 세력에 대한 학살을 시행했다. 조선인에 앞서, 일본의 지배 세력에 사사건건 반대하는 사회주의자에 대한 박멸도 이때가 기회였다.

> 새로운 재앙이 그 집 주위를 맴돌고 있었다
> 그 친구는 사회주의자이고
> 늘 수상한 사람이 많이 그 집을 출입하고 있다는 이유로
> 근처에서 눈을 부라리고 있던 차에,
> 센징의 소동, 사회주의자의 소동은
> 시간이 갈수록 시민 사이에서 퍼져나갈 뿐이니,
> 내가 그 집에서도 한가히 앉아 있을 수가 없었다

시인은 사회주의자에 대한 당국의 시선을 사실 그대로 묘사한다. 9월 5일 피난 열차를 탔을 때도 경

찰들이 "이 속에도, 주의자(主義者, 사회주의자)랑 센징[鮮人]들이 숨어 있을지도 모르지"라고 했다는 표현, "무심코 꽉 눌러 쓰고 있던 모자의 챙을 더 깊이 끌어내렸다 / 머리가 길다라고 하는 것이 / 사회주의자의 한 가지 표시였기 때문이"라며 당시 사회주의자였던 시인의 공포감을 잘 드러낸다.

당시 오테마치[大手町] 헌병대 사령부의 아마카스 마사히코[甘粕正彦] 대위는 무정부주의자 오스기 사카에[大杉栄;, 1885~1923.9.16]와 그의 연인 이토 노에[伊藤野枝], 그리고 오스기의 7살짜리 조카까지도 학살했다. 이 사건을 아마카스[甘粕] 사건 혹은 오스기[大杉] 사건이라고 한다. 엔도 슈사쿠[遠藤周作]의 중편 소설 「땅울림」(地なり)은 오스기 사카에 가족을 학살하는 광기의 순간을 정확하게 재현하고 있다.

군대와 경찰은 노동운동가인 히라사와 게이시치[平澤計七], 가와코 요시토라[川合義虎] 등 10명을 학살했다. 이 사건을 카메이도[亀戸] 사건이라고 한다. 무정부주의자 박열(朴烈, 1902~1974)과 그의 연인 가네코 후미코[金子文子, 1903~1926]는 9월 3일에 체포되어 이후 사형 선고를 받는다. 왕희천[王希天, 1896~1923] 등 중국인 운동가도 포병부대 제3여단 가키우치[垣內] 중위에 의해 살해되었다.

오스기 사건과 카메이도 사건은 그나마 언론에 주목을 받았다. 하지만 조선인 학살은 국가 책임의 은폐 공작이 뒤따랐다.

어디선가 조선인 한 무리가
철사로 줄줄이 묶여
시냇가 한가운데 처박혀 죽어간다는 소문을 들
은 것도 이 친구 집이었다
(중략)
구경꾼에게 둘러싸여
불갈구리가 등짝 한복판에 찍혀서
자기가 흘린 핏물 웅덩이에 쓰러져 있는 조선인
노동자 같은 남자를 이 눈으로 보았다

과거는 감정으로 기억된다. 감정에 의해 과거가 돌이켜지거나 감정이 기억의 내용이 되기도 한다. 그 기억은 이성적인 판단을 그르치게 할 수도 있다. '감정의 기억'이 될 수밖에 없는 장면에 이르러 시인은 감정적이고 과장된 묘사를 최소한 줄이고 있다. 작가는 화려한 시적 표현을 버리고, 신문 기사처럼 건조한 문체로 살해 장면을 증언하고 있다. 오히려 사실적인 울림을 일으킨다.

당시 일본인의 공포 심리의 배경에는, 그 몇 해

전인 1919년 무참하게 진압했던 3.1 독립운동에 대한 기억이 있었고, 이때 진압당했던 조선인들이 복수할 거라는 공포심이 잠재되어 있었다.

다음 장면에서는 논란이 있는 기병 출병 증언이 나온다. "그러자 저편에서 나팔 소리를 선두로 한 / 기병(騎兵)의 대집단이 행진해왔다 / 오토바8정(音 羽八丁) 거리를 꽉 채워버린 기병 집단의 행진은 / 금방 시가전이라도 터질까 생각날 만치 살기(殺氣) 스런 분위기를" 보이며 기마병들이 나타난다. 이 장면은 쓰보이 시게지가 상상해서 쓴 부분이 아니다. 그때 출병했던 일본인의 증언이 남아 있다. 나라시노에 있는 기병 제15연대 병사였던 에추우야 리이치의 증언을 보자.

내가 있던 나라시노 기병연대가 출동한 것은 9월 2일, 시간은 정오 조금 전이었을까, 어쨌든 몹시 급했다. 사람과 말이 전시 무장을 갖추고 병영에 정렬하기까지 소요 시간은 거의 30분밖에 주어지지 않았다. 2일분의 식량과 말먹이, 예비 말굽까지 휴대하고 실탄은 60발, 장교는 자기 집에서 가져온 진짜 칼로 지휘·호령을 했기 때문에 마치 전쟁터에 나가는 기분이었다! 그래서 뭐가 뭔지 모르는 채로 질풍처럼 병영을 뒤로하고 지바 거리를 먼지를 일

간토대진재 후 침수한 지역을 행진하는 나라시노 기병부대.

으키며 달려갔다.

카메이도에 도착한 것은 오후 2시경이었는데 이재민으로 범람하는 홍수 같았다. 연대는 행동 개시로 먼저 '열차 검색'이라는 것을 했다. 장교는 칼을 뽑아 들고 열차의 안팎을 조사하며 돌아다녔다. 어느 열차나 초만원이어서 기관차에 쌓여 있는 석탄 위까지 파리처럼 떼지어 있었는데, 그 가운데 섞여 있던 조선인은 모두 끌어내렸다. 그리고 바로 칼날과 총검 아래 차례차례 거꾸러졌다. 일본인 피난민 가운데서 구름처럼 퍼져나오는 만세·환호의 소리! "원수! 조선인은 모두 죽여라!" 하는 소리. 우리 연대는 이것을 '피의 잔치'의 시작으로 하여 그날 저녁부터 밤중까지 본격적인 조선인 사냥을 했다.

강덕상, 『학살의 기억 관동대지진』, 김동수 · 박수철 역,

역사비평사, 2005. 160~161면

소규모 부대 하나가 아니라, 도쿄 주변에 있는 핵심 기병 사단이 동원된 학살이었다. 나라시노에 있던 근위사단 기병 제1여단(기병 13 · 14연대)과 제1사단의 기병 제2여단(기병 15 · 16연대)이 동원되었고, 또한 야전중포병 제3여단까지 동원되었다. 이 증언이 말하는 '열차 검색'과 '조센징 사냥'이 어떻게 이루어졌는지, 쓰보이 시게지는 12연부터 행을 짧게 하여 가쁜 호흡으로 증언한다.

　　─십오엔 오십전(十五円 五十錢)이라고 해봐 !
　　손짓당한 그 남자는
　　군인의 질문이 너무도 갑작스러워
　　그 의미를 그대로 알아듣지 못해
　　잠깐, 멍하게 있었지만
　　곧 확실한 일본어로 대답했다
　　─쥬우고엔 고쥬센
　　─좋아!
　　칼을 총에 꽂은 병사가 사라진 뒤에
　　나는 옆에 남자의 얼굴을 곁눈질로 보면서
　　─쥬우고엔 고쥬센

쥬우고엔 고쥬센
　　이라고 몇 번씩이나 마음속으로 반복해보았다
　　그래서 그 질문의 의미를 겨우 이해할 수 있었다
　　아아, 젊은 그 시루시반텡[印絆夫]이 조선인이었
다면
　　그래서 "쥬우고엔 고쥬센"을
　　"츄우코엔 코쥬센"이라고 발음했더라면
　　그는 그곳에서 곧 끌어내려졌을 것이다

　비로소 독자는 이 장시의 제목이 주는 의미를 깨
닫게 된다. 일본어의 탁음을 발음할 수 없었기에 끌
려가야 했던 현장이 고발된다. 이것은 하나의 '집단
적 오락'이었다. 광기의 오락으로 말미암아, 이 발
음을 할 수 없었던 말더듬이나 오사카, 오키나와 사
람 등 지방 사람들이 조선인으로 오인되어 살해된
다.

　일본인인데도 불구하고 발음 때문에 곤혹을 치
른 예는 셀 수 없이 많다. 가령 당시 와세다대학 독
문과의 청강생이었던 19살의 이토 쿠니오[伊藤國夫]
도 센다가야[千駄ヶ谷]에서 조선인으로 잘못 인식되
어 죽을 뻔했다. 이후 주요 연극인이 된 그는 일본인
의 야만적인 행동을 후세에 전하기 위해 자신의 예
명(芸名)을 '센다가야의 코리안'[千駄ヶ谷のコリア

ㄴ)이라고 했다.

2001년 10월 25일 필자가 오무라 마스오 교수, 이성욱 평론가와 함께 조사했던 지바 지역 나라시노 수용소 근처에서도 당시 6명이 학살되었는데, 그중 한 명은 조선인이 아닌 오사카 사람이었다. 그 오사카 사람은 간토 지역 발음을 할 수 없어 오사카 사투리로 대답했다가 목숨을 잃었다.

발음 하나를 듣고 사람의 목숨을 따진다는 것은 희극적 비극이요, 광기의 오락이었다. 전제 국가에서 개인(個)이란 국가(國)라는 거대 구조 안에 있는 부속품에 불과했던 것이다. 이 사건 뒤 조선인 학살 문제에 대해 전면에 나섰던 인권 변호사 요시노 사쿠조[吉野作造]도 "일본인의 흥분은 너무도 상궤(常軌)를 벗어났다. 단서도 없이 남녀노소 구별 없이 선인(鮮人)을 죽였다"(『中央公論』)며 분개했다.

서사시 정신과 국제 연대

　이 시는 도입부(1~4연)에서 지진이 일어나기 앞
뒤 상황을 묘사하고, 전개부(5~11연)에서 계엄령 아
래 사회주의자와 조선인 학살의 광경을 보고하고
있다. 절정부(12~13연)에서 시 제목에 얽힌 '광기의
오락'이 묘사된다. 이제 마무리(14연)하면서 시인은
청자를 한정시켜 조선인에게 말을 건다.

　　무참히 살해된 조선의 친구들이여
　　그대들 자신의 입으로
　　그대들 자신이 살아 있는 몸으로 겪은 잔학함을
　　이야기할 수 없다면
　　그대들을 대신하여 말할 자에게 전하시오
　　지금이야말로
　　강제로 강요되었던 일본어 대신에
　　다시 탈취한
　　부모로부터 받은
　　순수한 조선어로

시인은 단지 분노와 애정을 표시하려는 것이 아니라, 분노와 애정을 넘어 국제 연대를 목표로 하고 있는 것이다. 아울러 조선인에게 말하는 형태이지만, 사실 시인은 일본인의 책임을 유도하고 있다. 그래서 14연에서 "구경꾼에게 죽창을 갖게 하고, 불갈구리를 쥐게 하고, 일본도를 휘두르게 한 자는 누구였을까 ?"라고 묻는다. 학살을 구경만 했다거나 침묵했다는 것은 책임이 면제될 수 없다는 것이다.

시 속에 서정적 주인공과 이야기(Narrative)가 있다는 것으로, 우리는 이 시가 서사성을 갖고 있다고 할 수 있겠다. 이 시는 '사건 전야 → 대지진의 풍경 → 계엄령과 사회주의자의 위기 → 조선인 학살 → 조선인에게 당부' 라는 이야기를 품고 있다. 더욱 중요한 것은 그 서사성이 겨냥하는 바가 무엇이냐 하는 점이다. 이 시는 비극으로 끝나지 않는다는 사실이 중요하다. 독자에게 어떠한 질문과 숙제를 주는 형식으로 마무리된다. 시인이 생각하는 서사시적 정신 때문이기도 하다.

서사시적 정신이란, 어떤 현실적인 어둠에 압도되지 않고, 아울러 어떤 어둠도 밝혀내는 광원(光源)을, 현실과 서로 관련지어, 그것과 격투(格鬪)하면서, 시인 자신을 주체로서 창조하여, 장치하는 정신이다.

쓰보이 시게지(壺井繁治), 「二つの朝鮮敍事詩について」

쓰보이 시게지는 「15엔 50전」에서 학살이라는 어둠에 압도되지 않고, 시인 자신이 서정적 화자가 되어 당당하게 현실을 고발한다. 그 서사적 완성에 대해 시인은 독자에게 숙제를 제시한다. 시인의 서사시적 정신은 현실적으로는 국제 연대라는 능동적 행동으로 표현되었다. 실제로 시인은 1947년 8월에 쓴 이 시를 한 달 후인 9월 제1회 조선인 희생자 추모 집회에서 발표한다. 당시 한 연극 배우가 낭독하여 깊은 감명을 주었다고 한다. 이듬해 4월에는 월간 〈신일본문학〉에 발표한다. 아직 '조센징'이란 차별어를 썼을 당시에 이런 시를 발표한다는 것은 쉽지 않았다.

이후에도 그의 국제 연대를 향한 열정은 쉬 식지 않는다. 시론집 『시와 정치의 대화』(新興書房, 1967)에 실린 평론 「두 가지 조선 서사시에 대하여」, 「조선을 둘러싼 일본 시인들」을 보면, 그가 조기천, 허남기, 임화 등의 한국 시인에 얼마나 관심을 갖고 있었는가를 볼 수 있고, 한국 현대사의 문제에 관한 그의 추적, 아울러 한국을 시로 썼던 일본 시인에 대한 나름의 정리들을 볼 수 있다.

아쉽게도 쓰보이 시게지는 1955년 요시모토 류메이[吉本隆明]로부터 "숙명적으로 희극적"이라는 말로 전쟁 책임을 비판당했 듯이, 태평양 전쟁 말기엔 전쟁에 협력하는 시를 쓰기도 했고, 전향의 문제도 있었다. 다행히도 그는 『쓰보이 시게지 시집』(飯塚書店, 1969)을 통해 그의 일관된 인간주의와 국제 연대 의식을 보여주었다.

그의 시는 유럽의 근대 상징시와 일본의 '밀실의 시'의 유혹과 길항(拮抗)을 거듭하면서, '쓰보이 시게지의 사회시'라는 독특한 세계를 보여주었다. 특히 "전쟁이란 사람에게 불행밖에 주지 않는다"는 사상을 동화로 작품화한 그의 부인 쓰보이 사카에의 작품처럼, 쓰보이 시게지의 편저 『일본의 저항시』(光和堂, 1974)는 침략 전쟁이 판치고 있는 오늘날에 더욱 중요한 성과로 읽힌다.

부인 쓰보이 사카에는 고향인 쇼오도 섬의 이야기를 인간미 넘치게 쓴 동화 『보름달』, 『감나무가 있는 집』 등의 작가다. 그녀의 『스물네 개의 눈동자[二十四の瞳]』(일본판은 1952, 문예출판사, 2004)는 섬 마을에 온 오이시 히사코[大石久子] 여선생님과 어린 학생 12명과의 사랑을 따스하게 기록한 장편 동화로 1954년 영화로도 만들어졌다. 이 작품은 특히 1931년 만주사변부터 1945년 패전까지 광분했던 군

국주의 아래에서 개인이 겪는 희생을 세밀히 묘사하고 있다. 많은 사람이 정치범으로 감옥에 갇혔지만 그런 일을 모르는 갯마을 아이들(윗책, 95면), 아이들 문집이 '빨갱이'의 증거가 되고(125면), 가난한 학생을 동정하면 빨갱이라고 의심받던 시대(151면), 단팥죽을 배불리 먹을 수 있다는 말에 항공병을 지원하는 어린 소년들(186면) 등 혹독한 시대를 반영하는 에피소드가 가득차 있다.

쓰보이 시게지는 1975년 이 세상을 달리했으나, 일본 시 문학사 한편에서 정신적인 기둥 역할을 해오고 있다. 그의 이름을 딴 30회가 넘은 쓰보이 문학상은 우리의 신동엽 문학상처럼 시대와 역사를 외면하지 않는 시인들에게 주어지고 있다. 일본의 현실은 이러한 시인의 노력을 차갑게 외면하고 있다.

망상과 기억 사이에서 우리는

첫째, 쓰보이 시게지는 조선인 학살이라는 사건을 민족 대 민족의 싸움이 아닌, 가해자에 의한 피해자의 죽음으로 본다. 시인은 조선인에게 이족 혐오의 애국주의(jingoism)를 부추기려고 하지 않는다. 그는 일본인이라는 '우리' 안에 적을 겨냥하고 있다. 그가 본 '일본 안의 적'은 당시의 지배 체제, 파시즘이었다.

둘째, 시인은 감정적인 문체보다는 건조한 문체로 조직적인 국가 폭력을 차분하게 고발한다. 작가는 화려한 시적 표현을 버리고, 신문 기사처럼 건조한 문체로 살해 장면을 증언한다.

셋째, 이 작품에는 서사시적 정신과 국제 연대 의식이 녹아 있다. 이 시는 비극으로 끝나지 않는다. 그것은 시인이 생각하는 서사시적 정신(敍事詩的 精神) 때문이기도 하다. 시인의 서사시적 정신은 현실적으로는 국제 연대라는 능동적 행동으로 표현되었다.

도쿄 지사 이시하라 신타로[石原愼太郎,

1932~2022]는 2000년 4월 9일, 남북 정상 회담을 하기로 결정된 날, 도쿄 네리마[練馬]의 육상 자위대 1사단 창설 기념 행사에서 축사를 하면서 '삼국인(三國人)' 발언을 했다.

지금 도쿄에는 불법 입국한 삼국인과 외국인이 흉악한 범죄를 거듭하고 있습니다. 이제 도쿄의 범죄 형태는 과거와 달라졌습니다. 이 상황에서 큰 재해가 일어난다면 엄청난 소요 사건까지도 상정할 수 있는 형국입니다. 경찰력은 한계가 있으니 자위대원 여러분에게 출동을 부탁하면 치안 유지에 나서주길 바랍니다.

삼국인, 이른바 일본에 거주하고 있는 조선인, 중국인, 대만인을 '일본 안의 적'으로 선언했던 것이다. 도쿄라는 거대한 메갈로폴리스의 밑바닥 계층인 이들을 섬멸해야 할 '사회적 해충(害蟲)으로 생각하는 것이다. 2000년 9월 3일, 70여 년 전 조선인 학살이 일어났던 그날, 신주쿠 등에 자위대원의 장갑차와 탱크가 위용을 과시했다. 재해 방비 훈련, 이른바 '도쿄 레스큐'(rescue)라고 명명된 육해공군이 참가한 초대형 이벤트로 인해, 도쿄 시내는 마치 계엄령이 선포된 거대한 '연극 공간'이 되었다. 물론 요즘만 그런 것이 아니다.

1983년 9월 1일의 경시청 매뉴얼을 검토한 한 작가는 이렇게 한탄했다. 과연, 지금의 일본은 간토대진재 때와 무엇이 다른가. 그날 자위대 2만 명, 차량 330대, 헬리콥터 67대 등이 동원되어 방재 훈련을 했다고 한다. 아울러 형사부는 어떻게 시체를 처리할 것인지, 공안부(公安部)에서 '시찰 대상자'를 어떻게 체포할 것인지, 외무2과에서는 재일조선인 관리를 어떻게 할 것인지 등의 내용들이 써 있다고 한다.

이시하라는 도쿄라는 대도시의 대통령으로 '군대'를 동원할 수 있는 인물이다. 이시하라의 발언과 '도쿄 레스큐'의 결합은 그 처참했던 역사적 기억을 상기시키는 데 그치지 않는다. 이시하라의 발언에는 '항쟁 상태'에 대한 극도의 두려움과 그것을 미리 막는다는 명목으로 폭력적인 수단에 호소하려는 공격성이 흘러넘치고 있다. 그의 말은 도쿄로 상징되는 21세기의 일본이 자신을 구조(rescue)하기 위해 그 혼돈의 기억을 어떻게 다시 재활용하는지를 보여준다. 이시하라 신타로의 '도쿄 레스큐'가 80년 전 계엄령을 발포했던 제2차 야마모토 내각의 그것과 무엇이 다를까. 일본은 현재 탈냉전 시대를 거스르는 '정반대의 길'로 가고 있지 않은가.

「15엔 50전」이 주는 의미는 가볍지만은 않다. 인종주의에서 비롯된 나치스의 유대인 학살, 1980년대 벽두 광주에서 벌어졌던 학살, 9.11 테러 사건 이후 미국의 팔루자에서 행해진 무차별적인 이라크인 학살, 한국 사회의 폭력적인 군대 문화, 이방인을 배격하는 패거리 문화나 소수자(minority)에 대한 폭력 등 광기의 폭력은 도도하게 고개를 들고 있다. 실상 이 모든 국가 폭력은 70여 년 전 바로 제주 4.3사건 등 '우리들'의 이야기였던 것이다. 문제의 광기는 국가(國家)라는 이름으로 어떤 소수를 대상화시킬 때 발생한다. 특정 국가에 대한 인식보다 시민 사회가 만드는 사회 공동체라는 보편적인 의미를 인식할 필요가 있다.

「15엔 50전」을 읽고 일본인을 미워한다면, 그것은 가장 저급한 시 읽기이다. 이 글을 읽고 '우리'의 개념은 달라져야 한다. 광기의 폭력에 대한 해코지는 타자에게 던지자마자 부메랑처럼 '우리'에게 돌아온다. 무엇보다도 인류의 국가적 폭력, 집단적 광기란 망상(妄想)에 불과하다는 뚜렷한 기억(記憶)을 새겨야 할 것이다. 따라서 야스쿠니 신사 참배에 반대하고 군인 위안부 문제나 왜곡된 역사 교과서를 시정하려는 일본 시민 단체와의 연대, 한국과 일본

79

의 양심 세력·연구자·작가들이 '우리'가 될 때, 장시 「15엔 50전」의 숙제는 그 만남의 자리에서 비로소 완성될 것이다.

『민족문학사연구』, 민족문학사학회, 2005

3.

증언

맷돌질하듯 뒤흔들었다,
학살을 기억하는 소설가 이기영

1923년 9월 1일, 비극의 그날 도쿄에 있었던 조선인 작가 중 상황을 가장 생생하게 살려낸 작가는 소설가 이기영(李箕永, 1895~1984)이다.

충남 아산에서 태어난 그는 호서은행에 다니던 1922년 4월 도쿄로 가서, 사립 세이소쿠[正則] 영어학교에 입학한다. 그러나 한 달도 못 되어 가지고 갔던 돈이 떨어지는 바람에 고학을 해야 했다. 대서소의 필경사로 취직한 그는 영어학교의 야학을 다니고, 상점과 회사에서 광고 봉투 쓰는 일도 한다. 어떤 날은 10시간 이상 글씨를 쓰고 이층에서 내려오다가 졸도하여 계단에서 굴러떨어진 적도 있다. 같이 있던 친구는 노동판에 나갔다가 노동자들과 사귀어 마침내 직업적 사회운동가로 나섰다. 이기영은 이 친구로부터 처음 사회주의 서적을 접했고, 1923년 봄부터는 일본어로 번역된 서양 근대 소설들을 읽는다. 바로 이 무렵, 간토대지진을 체험한다.

1946년에 월북한 그는 1960년 북한 인민문학상을 받은 소설 『두만강』에 그때의 상황을 제3부 제3

이기영.

장에 기록해둔다.

　소설의 주인공 한창복은 여름 방학을 맞아 7월 하순 요코하마에 있는 동창생 나카무라 집에 가서 한 달여를 묵었다. 추기 개학을 앞둔 8월 30일에 도쿄로 돌아온다. 그는 이케부쿠로에서 하숙을 했다. 1923년 9월 1일은 소학교나 대학 등 학교들이 개학식을 하는 날이었다. 주인공이 간다쿠[神田區]에 있는 음식점에서 점심을 먹고 있을 때였다.

　별안간 땅(地層)이 들썩하더니만 상하동(上下動)으로 큰 지진이 시작되는데, 창복이는 처음에는 그게 웬 영문인지도 몰랐다. 뒤미처 2층 집이 마구 흔들리며 삐걱삐걱 요란스런 소리를 내었다. 얼마나 강진이었는지 식탁 위에 올려놓았던 그릇들이 펄쩍 뛰어올랐다가 상 밑으로 떨어진다. 그 바람에 그릇들은 맞부딪쳐서 웽강뎅강 소리를 내며 깨어졌다. 지진은 좌우동(左右動)으로 마치 매돌질하듯 뒤흔들었다.

이기영, 『두만강』, 3부 상, 1989, 118면

오전 11시 58분, 격진 후 간토 지방은 지진으로 붕괴되기 시작했다. "좌우동(左右動)으로 마치 매돌질(맷돌질)을 하듯 뒤흔들었다."는 짧은 표현은 비극적 사태를 충분히 상기시킨다. 지진과 함께 폭풍이 불고 마침 점심 때라 밥 짓던 불이 번졌다. 게다가 땅이 갈라지면서 모든 수도 시설이 끊어졌고, 도로마저 끊어져 소방차도 다닐 수 없었기 때문에, 대부분 나무로 지어진 집이 많았던 도쿄는 금방 잿더미가 되었다. "그들은 이리 쓸리고(쓸리고) 저리 쓸리고 하는 대로 예서 제서 비명을 질렀다", "콩나물시루 같은 군중들이 떠박지르고 악머구리 끓듯 했다"는 이기영의 생생한 묘사는 현장을 그대로 체험했기에 가능했을 것이다.

9월 2일, "강진 후 대화재, 도쿄 전시내를 불바다로 만들었다[强震後の大火災東京全市火の海化す]"는 첫 신문 기사가 〈도쿄니치니치신문(東京日日新聞)〉에 나고, 곧 계엄령이 선포된다. 이날 주인공은 "조선 사람들을 닥치는 대로 대학살한다"는 말을 듣

84

는다. 조선인들이 방화·강간·강도짓을 하면서 우물 안에 독약을 던지고 있다는 등 유언비어가 퍼지고, 간토 일대의 3,689개 자경단이 조선인을 색출하고 학살하기 시작한다. 이들은 죽창·엽총·피스톨·곤봉, 심지어 도끼까지 들고 나왔다.

우리도 어젯밤에 '조센징'을 죽였소. 어제 낮에는 조선 노동자들이 떼를 지어서 몰려다니는 것을 붙잡아다가 새끼줄로 한데 엮어서 다마가와[多摩川] 강물에다 집어 처넣었소. 그 놈들이 물 위로 떠서 헤엄쳐 나오려는 것을 손도끼를 들고 뛰어들어서 놈들의 대갈통을 모조리 까 죽였소.—강물이 시뻘겋게 피에 물들도록….

(중략)

나는 어제 무고지마[向島]에서 큰길거리를 지나가는데 길 한가운데에 '조센징'의 시체가 널려 있는 것을 보았소. 무심히 그냥 시체 옆을 지나려니까 몽둥이를 들고 섰던 헌병 장교 한 사람이 나에게 몽둥이를 내주면서 "송장을 한 번씩 때려라!" 하겠지—나는 웬일인지 몰라서 잠시 덩둘해 있었더니 그 장교가 말하기를 "만일 시체를 아니 때리면 그 대신 당신이 맞아야 한다." 하기에 어찌할 수 없이 나도 시체를 한 번씩 때렸고.

(중략)

　글쎄 '부정선인'들이 지진이 일어나자 즉시 저희들끼리 연락을 취하는 암호로써 분필로 표를 해놓고 있다가 지진이 일어나자 일시에 각처에서 불을 질렀다 하고 우물에는 독약을 처넣었다 하니 그런 악독한 놈들이 어데 있어요. 지금 이 자리에도 '조센징'이 있다면 나는 이 철창대로 그 놈을 보기 좋게 때려 죽이겠고

이기영, 『두만강』, 3부 상, 128~129면

　"조선인을 쳐 죽여라!"(『두만강』, 124면)며 닥치는 대로 죽이기 시작했다.

　"헤엄쳐 나오려는 것을 손도끼를 들고"라고 썼는데, 간토대지진 조선인 학살의 증언을 보면, "죽창, 불갈구리, 막대기로 난타하고, 일본도로 베거나 발로 차서 죽였다."는 등 손도끼로 등짝을 찍었다는 증언이 적지 않게 나온다.

　집단 광기가 시작된다. 우물가에 있는 표시를 보고 "조선인들이 우물에 독약을 넣는다."는 것이었다. 우물가의 표시에 대해 이기영은 "그것은 도쿄시내의 소제부들이 청결 검사를 하기 위하여 어느 집 벽이나 담 모퉁이에다 표를 해둔 것이다"(『두만강』, 135면)라고 썼다.

일본의 박물관이나 교과서는 '유언비어'에 의해 조선인들이 학살되었다고 쓰여있다. 지진 피해가 많았던 료코쿠[兩國]에 1993년에 세워진 에도[江戶] 도쿄박물관에는 '간토대진재'라는 코너가 있다. 주로 일본인 피해 상황이 전시되어 있는데, '간토대지진과 유언비어'라는 부스에는 조선인들이 '유언비어'에 의해 학살되었다고 설명한다. 컴퓨터 모니터의 '외국인 학살, 조선인 학살'이라는 란을 누르면 자료와 설명이 비교적 자세히 나온다. 그러나 죽은 조선인의 숫자와 조직적인 국가 폭력에 대한 설명은 나오지 않는다.

문제가 되고 있는 『새로운 역사 교과서[新しい歷史教科書]』를 보면 어떻게 사건을 축소시키고 있는지 알 수 있다.

> 이 혼란 중에서, 조선인과 사회주의자들 사이에서 불온한 기도가 있다고 소문이 퍼져, 주민 자경단 등이 사회주의자와 조선인·중국인을 살해하는 사건이 일어났다.
>
> 니시오 간지 외, 『새로운 歷史教科書』, 扶桑社, 2001, 256면

인용문을 보면 대학살의 책임이 마치 주민만의 책임인 것처럼 기록되어 있다. 이에 대해 와다 하루

키(和田春樹) 교수 외 일본 지식인 5명은 "실제로 사회주의자와 중국인을 학살했던 주체는 경찰과 헌병대였으며, 한국인 살해는 자경단, 경찰, 군대에 의해 이루어졌다. 조선인은 약 6,000명이 학살되었다기에, 적어도 '많은 조선인'이라고 당연히 표현되어야 한다. 이 책의 저자가 일본인이 죽임당했을 때는 그 숫자를 명시하면서도, 일본인이 외국인을 죽였을 때는 구체적으로 그 숫자를 적지 않는 것은, 떳떳하지 않다."라고 지적하면서 수정을 요구했다.(「扶桑社中學校社會科學校書の近現代史部都分の誤りと問題點」(2001. 4. 25), 『歷史教科書, 何が問題か』, 岩波書店, 2001, 233면).

소위 '유언비어(流言蜚語)'란, 말한 사람이 누군지 불분명한 채 입에서 입으로 퍼지는 것이다. 그러나 당시 '조선인 방화'라는 거짓말은 일본 경시청이 의도적으로 퍼뜨렸다는 증거가 있으므로 유언비어라고 할 수 없다. 9월 2일 궁성 옆 미야케자카[三宅坂] 참모 본부 안에 간토계엄사령부가 차려졌다. 계엄령이 떨어지고 9월 2~3일에 걸쳐 내무성의 경보국장(警保局長)은 각 지방장관에게 전보문을 발송했다.

도쿄 부근의 진재를 이용하여 조센징[朝鮮人]은

각지에서 방화하고 불령(不逞)의 목적을 수행하려
한다. 현재 도쿄 시내에서는 폭탄을 소지하고 석유
를 뿌려 방화하는 자가 있다. 이미 도쿄부 일부에서
는 계엄령을 시행하고 있기 때문에 각지에서는 면
밀하게 시찰하고 조선인의 행동에 대해서는 엄밀하
게 단속할 것.

다사키 키미츠카사 · 사카모토 노보루 편집, 「關東大地震災 政府陸
軍關係史料」 2, 日本經濟評論社, 1997, 29~34면

이것은 조선총독부, 대만총독부에도 타전되었
다. 정부의 이런 삐라나 선전은 조직적인 학살의 기
름불에 휘발유를 끼얹은 격이었다. 이어 동시에 2일
오후 3시경, 조선인의 '폭동'에 대한 엄중한 단속 및
조선인 '보호' 수용 방침을 결정한다. '후테이센징
[不逞鮮人]'에 대한 '단속과 보호'라는 이중적인 지
시는 사실 학살령과 다름없었다.

주인공 한창복은, 주운 빈 상자로 요코하마에 사
는 동창생의 가족들 이름을 적은 성명패를 만들어,
그것을 어깨에 둘러메고 마치 그들을 찾는 척하면
서 학살을 피해 나간다. 당시 일본인들이 가장 많이
피난해 있던 곳은 우에노 공원과 히비야 공원이었
다. 특히 히비야 공원에서는 "간토대진재 후 도서문
화관 옆 대음악당에서 피해당한 시민을 위한 위안

공연"이 열리기까지 했는데, 바로 『두만강』의 주인공이 "날마다 조마조마한 마음으로 히비야 공원 속에서 일주일 간 계속"(『두만강』, 131면) 머물면서 일본인 행세를 한다. 주인공이 학살을 교묘하게 피하던 모습은 다름 아닌 작가 자신의 체험이었을지도 모른다. 이기영 자신이 지진이 나자 시내 여기저기를 피해 다녔고, 밤에는 히비야 공원에서 밤을 세웠는데, 바로 이 경험이 소설로 표현된 것이 아닐까. 이 사건에 대해 에드워드 사이덴스티커(Edward Seidensticker)는 이렇게 기록해놓았다.

묘한 소문이 시중에 떠돌았는데, 그것은 서양의 어떤 나라가 지진 발생기를 발명해서 일본에 실험해봤다는 것이다. 그럼에도 불구하고, '외인[外國人-인용자]'에 대해서, 곧 서양인에 대한 돌발 사태는 발생하지 않았다. 그 대신 이 섬나라 외국인 경멸증(xenophobia)은 조선인에게 쏠렸다. (중략) 특히 우물에 주의하도록 호소했던 경찰은 훗날 조선인에 대한 적의를 자극했다는 비난을 받지만, 아마도 그렇게 자극할 필요조차 없었는지도 모른다. 조선인에 대해 가장 나쁜 것을 상상하는 경향, 아니 경향이라기보다 소망은 근대 일본 문화를 통해서 끊임없이 나타나는 주제이다. 아무튼 대량 학살이

분명히 자행되었다. 소극적이지만 공식 발표는 사
상자 수를 비교적 낮게 세 자리 숫자 정도라고 했
다. 그 후 진보적인 학자 요시노 사쿠조[吉野作造]
는 후에 열 배를 곱해서, 실제 2,000명 이상이었다
고 발표했다.

Edward Seidensticker, 『Low City, High City』, New York:

Alfred A. Knopf. 1983, p7

1980년대에 '도쿄학(Tokyo Strdies)' 교재로 읽혔
던 이 책은 일본의 현대가 시작된 시점을 1923년 9
월 1일 사건으로 삼고 있다. 1장의 제목이 '종말 그
리고 시작(The end and The beginning)'인데, 위 사
건을 현대 문학의 출발점으로 보는 일본 '국문학사'
의 시각과 닮아 있다.

인간이 인간을 학살하는 야만(野蠻), 실로 "조선
인에 대해 가장 나쁜 것을 상상하는 일본인의 경향"
에 이기영은 질려버렸는지도 모른다. 이기영은 『두
만강』에서 조선인 피살자 수가 "6,000명"(『두만강』,
133면)이라고 썼다.

상하이 임시정부 독립신문사의 조사에 따르면,
지역에 따라 가나가와 4,106명 · 도쿄 1,347명 · 사이
타마 588명이 가장 많았고, 군마 37명 · 도치키 8
명 · 이바라키 5명 등 순으로 조사되어, 전체 조선인

학살자 수를 6,661명으로 조사 보고했다.(美德相, 琴秉洞 編, 「關東大地震災と朝鮮人」, 『現代史資料』6, みすず書房, 1963.10, 338~341면)

이 사건은 단순한 지진이 아니다. 자연적인 재해가 아니라, 인간이 인간을 살육한 광기(狂氣)의 표상이었다. 그런 까닭에 이기영은 『두만강』의 제7장 전체에서 '도쿄대진재(東京大震災)'라고 표현했다. '지진(地震)'이란 화산의 활동이나 단층·함몰 등 지구 내부의 급격한 변동으로 인해 땅이 일시적으로 흔들리는 것을 말한다. 이에 비해 '진재(震災)'란 지진 이후에 일어나는 재난을 말한다.

팻말에 일본인 가족 이름을 써서 들고 다니며 가족을 찾는 양 일본인 행세를 하여 위기를 모면했던 이기영은 조선인 유학생 감독부에 수용되었다가, 9월 30일 〈동아일보〉에서 보낸 제1회 구조선 홍제환을 타고 태평양을 떠다니던 중 폭풍까지 만나 일주일 만에 부산에 상륙한다.

영화감독 구로사와 아키라, 소학교 학생들의 증언

간토 조선인 학살 100주기를 앞두고, 고이케 유리코 [小池百合子] 도쿄 도지사는 조선인 희생자 추도식에 추도문을 보내지 않기로 했다. 추도비에 쓰여 있는 '조선인 희생자 수 6,000여 명'을 일본의 극우는 부풀려졌다고 하는데, 고이케 지사도 그 입장에 동조하는 태도를 보인다.

"관례적으로 추도문을 내왔지만 앞으로는 내용을 살펴본 뒤 추도문을 발표할지 결정하겠다. 무엇이 명백한 사실인지에 대해서는 역사가가 밝혀내야 할 것이다. 여러 사정으로 돌아가신 모든 분에게 애도를 표한다."

고이케 지사는 도지사가 된 첫 해인 2016년에만 추도문을 보냈다. 이후에는 조선인 희생자를 특정하지 않고 "여러 사정으로 돌아가신 모든 분"이라는 애매한 표현을 쓴다.

간토 조선인 학살의 문제는 숫자가 아니다. 6,000

명이 아니라, 천 명, 아니 단 백 명만이라도 죄 없는 사람이 억울하게 학살됐다면, 다시는 그 비극이 반복되지 않도록 도쿄도의 수장으로서 그 비극을 알려야 하지 않는가.

그 비극의 현장을 강력하게 알리는 증언들이 있다. 일본이 자랑하는 영화감독 구로사와 아키라가 쓴 어린 시절의 체험, 구로사와 감독처럼 당시 소학교에 다니던 아이들이 쓴 때묻지 않은 기록이 있다.

영화감독 구로사와 아키라의 증언

구로사와 아키라는 우리 시대의 그림이 포함된 윌리엄 셰익스피어다.

스티븐 스필버그

대부분의 감독들은 그들의 알려져 있는 걸작 하나를 가지고 있다. 구로사와에게는 적어도 8개나 9개가 있다.

프랜시스 포드 코폴라

영화계의 거장들이 존경하는 구로사와 아키라[黑澤明, 1910~1998]에게 1990년 아카데미 영화제에서 평생공로상을 상제하며 예의를 표했다. 구로사와에

구로사와 아키라.

게는 걸작이 여덟아홉 개가 있다는 코폴라 감독의 말
처럼, 〈라쇼몽〉(1950)으로 베니스영화제 황금사자
상, 〈7인의 사무라이〉(1954)로 베니스영화제 은사자
상, 〈숨은 요새의 세 악인〉(1958)으로 베를린 국제영
화제 은곰상, 〈카게무샤〉(1980)로 칸영화제 황금종
려상을 받는 등 'Kurosawa'라는 영문 표기는 세계영
화사에서 빼놓을 수 없는 종요로운 이름이 되었다.

　그가 쓴 자서전 『두꺼비의 기름[蝦蟆の油]』(岩波
書店, 2001)은 그의 영화를 해설한 책이 아니라, 그
가 어떻게 살아왔는지, 살아온 일상이 씌어 있다. 이
책 93~96면에는 구로사와 아키라가 13세 때 체험한
간토대지진과 조선인 학살 이야기가 쓰여 있다.

　조선인을 죽이려고 몰려다니는 자경단을 13세의
어린 구로사와는 목격한다. 당시 조선 사람들은 대
부분 노동자였고 수염을 다듬을 짬이 없었다. 깔끔
하게 수염을 다듬는 일본인과 달리, 수염이 많은 사

람은 '조센징'으로 지목받았다. 구로사와의 아버지는 수염을 길게 길렀다는 이유만으로 죽을 위협에 처했다. 순간 아버지가 "바보 자식들!"이라고 큰소리로 호통치자 자경단 단원들은 하나둘씩 순순히 사라진다.

그때 자경단은 동네 우물의 물을 먹지 못하게 지시한다.

마을 안에 있는 어느 집의 우물물을 마시지 말아야 한다고 말하는 것이다. 왜냐하면 우물을 둘러싼 돌벽에 흰색 분필로 쓴 이상한 표기가 있다면, 그건 조선인이 우물에 독을 넣었다고 하는 표시라는 것이다.

사람들이 이상한 표시가 있다고 하는 그 우물을 보고 구로사와 아키라는 황당했다. 그 표시는 구로사와가 휘갈겨놓은 낙서였기 때문이다. 우물물에 조선인이 독약을 넣고 백묵으로 표시한다는 유언비어는 당시 가장 많이 퍼진 내용이었다.

지침으로 "일부 조선인과 사회주의자 가운데 불온을 꾀하는 자가 있으니 저들에게 빈틈을 엿볼 기회를 주지 않도록 시민 여러분은 군대·경찰과 협력하여 충분히 경계토록 할 것이며, 우물에 독을 투입하는 부녀자도 있으니 우물물에 주의할 것" 등의 지령이 있었던 것은 뒤에서 살필 사이타마현의 사례에서도 볼 수 있다. "그 당시 '조선인이 습격해온다'라는 전단지를 신문사 이름으로 게시했던 일도 있었다고 한다".

강덕상, 『학살의 기억 관동대지진』, 역사비평사, 2005, 126면

조선인들이 올지도 모른다며 집집마다 보초를 내게 해서 어린 구로사와도 죽검(竹劍)을 들고 배치된다. 중학교 2학년생인 구로사와는 죽검을 들고 누군가와 결투해야 하는 황당한 상황에 놓인 것이다. 정말 엉뚱하게도, 구로사와가 배치된 곳은 고양이나 겨우 드나들 수 있는 하수관 근처였다. 하수관으로 조선인들이 드나들 수 있다며 구로사와를 거기에 배치시킨 것이다.

어른들의 행동에 나는 고개를 설레설레 흔들며, 도대체 인간이란 어떤 존재인지 의아해하지 않을 수 없었다⋯. 경험이 없는 사람에게는, 인간에게 진정한 어둠이라는 것이, 얼마나 무서운가, 상상도 못할 텐데, 그 공포는 인간의 정기를 빼앗는다.

구로사와는 집단적 광기의 어둠을 몸소 체험한 것이다.

어린 구로사와는 조선인이 사람을 죽인다는 소문으로 빚어진 이상한 현상을 이해할 수 없다고 회상한다. 이런 광기의 체험이 그가 영화를 만들 때 인간의 집단 심리를 잘 이해하는 계기가 되지 않았을까. 어린 시절 겪었던 집단적 광기는 그에게 폭력을 영화 언어로 표현할 수 있는 체험을 주었을 것이다. '거미집의 성'(1957), '나쁜 놈일수록 잘 잔다'(1960)를 보면 간토대지진 조선인 학살 때 벌어졌던 인간의 폭력적 욕망이 떠오른다.

구로사와 아키라가 염려하고 있던 그 유언비어들은 그때나 지금이나 도쿄라는 대도시에 삽시에 퍼지곤 한다. 넷우익이라는 보이지 않는 자경단은 그만치 위험한 예비된 폭탄이 아닐 수 없다.

요코하마 소학교 학생들의 기록

있는 그대로를 그리고 기록하는 어린아이들의 증언은 당시 상황을 그대로 보여주기에 소중한 자료다.

학생들의 기록 중 요코하마 지역 제2소학교에서 학생들이 쓴 약 700점의 기록은 대단히 중요하다.

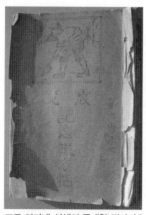

고토 아마네 선생이 공개한 민나미요시다 제2소학교 「진재 기념철」.

요코하마의 중학교 교사였던 고토 아마네[後藤周] 선생은 50년 이상 요코하마 지역 소학교 학생들의 작문을 조사하여, 베껴두거나 사진을 찍어 700점 이상의 기록을 확보했다. 그의 연구는 부분이지만 인터넷에서 일본어로 "간토대지진과 조선인 학살 고토 아마네"를 검색하면 누구나 읽을 수 있도록 공개돼 있다.

소학교 학생들이 쓴 문장을 보면 '조센징' 보다 더한 차별어인 '센징' 이라는 단어가 씌어 있다. 어른들이 잘못 가르친 혐오의 단어이지만 당시 분위기를 전하기 위해 그대로 '센징' 으로 번역한다.

와와, 라고 외치는 소리, "조센징이다" "센징이 처들어왔다"라는 소리가, 띄엄띄엄 들려왔다. 너무 놀라서 갑자기 심장이 뛰었다. 체격이 다부진 사내들은 각자 대나무를 잘라 죽창을 만들거나 머리띠를 두르기도 하며 준비에 바빴다… (중략) 산 위에 있는 수백 수천 명의 사람들은 다만 조센징이 오지 않기만을 신에게 기도할 수밖에 없었다. 만일에 대비하여 여자애들도 짧은 몽둥이를 들었다. 그리고 지금 온다면 온다면, 나와 엄마는 서로 꼬옥 껴안고, 다른 사람들과 함께 구석에 숨죽여 움츠리고 있었다.

미나미 요시다 제2소학교 6학년생의 작품이다. 아이의 눈에는 어른들이 조선인을 완전히 폭도로 인식하고 대비하는 것으로 보인다. 사내들은 죽창을 준비하고, 여자애들까지도 몽둥이를 준비하고, 엄마는 아이들을 보호하는 그야말로 이들은 공동체를 지키려 하는 채비를 하고 있다. 조선인 학살은 이렇게 조선인을 악마화하고 공동체를 보호한다는 '악의 평범성' (한나 아렌트) 속에서 이루어진 비극이었다.

9월 2일 이틀째 어떤 일이 있었는지 학생들의 작품을 보자.

길 옆에 두 사람이 살해되어 있었다. 호기심을 누르지 못하고 곁에서 보았다. 머리는 터져서 피투성이가 되고, 셔츠는 피로 물들어 있었다. 모두 대나무 죽창으로 쿡쿡 찌르며 "지긋지긋한 놈이다. 이놈이 어젯밤 날뛰었던 놈이다"라고, 자못 독살스럽게 침을 뱉고 가버렸다.

고토부키 고등과 1학년 학생이 요코하마식목회사 근처에서 일어난 일을 보고 쓴 작품이다. 당시 아이들의 작품에서 가장 많이 나오는 표현은 "조선인이 온다" "무기를 가져라" "죽이기 쉽다"는 세 가지 유언비어라고 고토 선생은 지적한다.
9월 4일이 지나도 학살은 줄지 않았다.

조센징은 벌벌 떨며 "미안합니다, 용서해주세요"라며 소리치고 있었다. 여러 사람이 호주머니를 조사해보니 독약이나 성냥과 종이를 많이 가지고 있었다고 한다. 이따위 놈들은 죽여야 한다며, 칼로 베어버리라고 말했다. 때리거나 발로 차거나 뭐든 하며, 눈 위를 세게 찔렀다. 그래도 조센징은 일어나려고 했다. 손발이 묶여 학교 언덕에서 질질 끌려 차량용 다리(車橋)에서 내던져졌다. 그런데도 조센징이 또 올라오려고 했다. 모두 돌을 던지거나 했더니, 죽고 말았다.

당시 조선인들이 식량으로 갖고 있던 미숫가루
를 일본인들이 폭약이나 독약으로 오해했을 수도
있다. 아이들은 눈에 보이는 대로 쓴다. 어쩌면 가장
예리하고 솔직한 리얼리스트인지도 모른다. 아이들
의 작문은 어떤 작가의 글보다도 생생하다.

중학교 교사로서 정년 퇴임한 고토 아마네 선생
은 인권 활동가로서 'NPO법인 재일외국인 교육생
활상담센터 · 신애숙(NPO法人在日外國人教育生活
相談センター · 信愛塾)'을 설립하고 이사로 근무하
면서 지금도 '진재 작문에서 배운다'(震災作文に學
ぶ)는 제목으로 전국에서 강연하고 있다. 그로 인해
'진재 작문'이라는 장르가 생긴 격이다. 강연할 때
고토 선생은 700명 이상의 작문을 읽고 깨닫지 못하
는 조국 일본의 한계를 아프게 평가했다.

폭동은 루머였다는 사실이 아이들에게 전해지
지 않았습니다. 조선인 학살을 반성하고 조선인에
게 마음을 전하고 있는 작문은 하나밖에 없었습니
다. 폭력의 비극을 모르는 아이들은 그래서 다음 전
쟁 시대를 준비하는 병사가 될 수 있었겠지요. 아시
아의 이웃을 죽여버린 것에 대해 반성하지 않은 채,

이 작문을 쓴 아이들이 다시 침략 전쟁에 몰려나가는 담당 세대가 된 것입니다.

아이들에게 폭력의 비극을 가르치지 않으니, 역설적으로 그 아이들이 다시 전쟁에 나가는 병사가 되었다고 고토 선생은 아프게 말한다. '진재 작문'을 쓴 당시 12세였던 아이들이 징병 연령인 20세가 되는 때는 8년 후인 1931년이다. 바로 이 해에 만주사변이 일어났고, 조선인 학살을 체험했던 아이들은 죄의식 없이 그대로 전쟁의 살인 기계로 투입된 격이다.

『신화로부터 역사의 진실로(神話から歷史の眞實へ)』(2006) 등 서적을 발간한, 2023년 현재 74세의 고코 아마네 선생님은 비극이 없는 인간 사회가 되도록 실천하는 중요한 증인이다.

간토 대학살을 기억해야 하는 이유

정치가의 목표는 인권이니 발전이니 어떤 것보다 '재선(再選)'이라는 말이 있다. 일본의 극우 정치가들은 '재선'하기 위하여, 조선인 학살 사건을 역사에서 삭제하려 한다. 군국주의의 부활을 공공연히 선동하는 극우들의 입장에서는 그간 극우들이 일궈온 역사에 오점이 없어야 하기 때문이다. 극우의 역사에 흠집을 기억하게 한다면, 극우의 리더가 될 수 없기에 중요 자리를 틀고 앉으려고, 조선인 학살을 부인하는 행태를 보인다.

2015년 일본 국회에서 아베 신조 당시 총리에게 일본 정부가 조선인 학살을 조사한 결과가 있냐는 질문이 있었다.

간토대지진 3개월 후인 1923년 12월 14일 일본 국회에서 당시 총리였던 야마모토 곤베는 학살에 대해 "조사 중"이라고 밝혔으나, 이 조사 결과에 대한 기록은 없습니다.

아베는 잘라 말했다. 아베 이후 극우의 표를 노리는 고이케 지사도 같은 입장을 취하고 있다. 극우 정권은 사람의 손으로 사람이 죽은 비극을 "여러 사정으로 죽은 사람들"이라 얼버무린다. 이런 삭제의 죄악은 불행을 자초할 수 있다. 비극의 역사를 삭제한다면, 그 비극의 결과를 모르는 이들에 의해 비슷한 집단적 폭력이 다시 발생할지도 모르기 때문이다. 친구의 가족을 끔찍하게 살해하고도, 사죄는커녕 모른다고 하는 이웃을 친구라 할 수 있는가. 일본 정부는 간토대지진 조선인 학살 100주기를 앞두고 모르쇠로 일관하고 있다.

아쿠타가와 류노스케는
잔인한 자경단이었나

일본에 조금 관심을 갖는다면 '아쿠타가와 문학
상'이라는 독특한 이름을 들어본 적이 있을 터이다.
소설 『라쇼몽』(1915)을 쓴 소설가 아쿠타가와 류노
스케(芥川龍之介, 1892~1927)를 기리는 이 문학상
을 한국인도 수상한 적이 있다. 1939년 소설가 김사
량이 후보작으로 오른 이래, 자이니치 소설가 이회
성·이양지·유미리·현월이 수상했다.

아쿠타가와 류노스케는 31세 때 도쿄 다바타(田
端) 자택에서 간토대지진을 체험한다. 간토대지진
은 그가 쓴 10여 편의 글에 나온다. 그는 자신이 자
경단이었다는 문장을 남겼다. 자경단에 참여한 그
는 조선인과 일본 사회를 어떻게 생각했을까.

아래 인용문은 「대진잡기(大震雜記)」(〈中央公
論〉 1923. 10)에 실린 문장이다. 아쿠타가와는 기쿠
치 칸(菊池寛, 1888~1948)과 대화한다. 기쿠치 칸은
1923년에 〈분게이 슌주(文藝春秋)〉를 창간하여 일
본 최고의 문예지로 키운 문사다.

나는 선량한 시민이다. 그러나 내 소견에 따르면, 기쿠치 칸은 선량한 시민으로서의 자격이 부족하다.

계엄령이 선포된 후, 나는 담배를 입에 문 채, 기쿠치와 잡담을 주고받았다. 잡담이라고 해봤자, 지진 외의 이야기는 나누지 않았다. 그 가운데 나는 대화재의 원인은 ㅇㅇㅇㅇㅇㅇㅇ인 것 같다고 말했다. 그러자 기쿠치는 눈썹을 치켜올리면서 "그건 거짓말이야! 자네."하고 다그쳤다. 나는 물론 그렇게 듣고 보니, "그럼 거짓말이겠네"라고 답할 수밖에 없었다. 하지만 기왕에 한번 더 "아무래도 ㅇㅇㅇㅇ는 볼셰비키의 앞잡이인 것 같아"라고 말했다. 기쿠치는 이번에는 눈썹을 치켜세우면서 "거짓말이라니까, 자네, 그런 말은."라며 다그쳤다. 나는 다시 "헤에, 그것도 거짓말인가?" 하고 금세 스스로 한 말을 철회했다.

다시 나의 소견에 따르면, 선량한 시민이라는 것은 볼셰비키와 ㅇㅇㅇㅇ와의 음모론을 믿는 자이다. 만약 믿지 않는 경우라면, 적어도 믿고 있는 듯한 표정을 지어야만 한다. 하지만 야만스런 기쿠치 칸은 믿으려고도 믿는 척조차도 하지 않는다. 이것은 완벽히 선량한 시민의 자격을 포기했다고 봐야만 할 것이다. 선량한 시민이 됨과 동시에 용감한 자경

아쿠타가와 류노스케.

단의 일원인 나는 기쿠치가 안타까울 따름이다.

　가장 선량한 시민이 된다는 것은, 어찌하든 고심 (苦心)할 필요가 있다.

芥川竜之介, 김응교 번역, 「大正 12년 9월 1일 지진이 일어나던 때

(大正十二年九月一日の大震に際して)」, 1923.10

　"나는 선량한 시민이다(僕は善良なる市民である)"라는 말부터 풍자성이 농후하다. 이 문장을 '나는 선량한 시민을 싫어한다'는 야유로 읽는 독자가 있다면, 아쿠타가와의 냉소적인 소설을 정말 많이 읽은 독자다. 과연 일본 사회에서 선량하다는 뜻은 무엇일까. 그가 말하려는 답부터 말하면, 그저 국가주의에 복종하는 이가 선량한 시민이다.

　먼저 아쿠타가와는 "나는 대화재의 원인은 ○○○○○○○인 것 같다고" 말한다. ○○식으로 복자

(伏字) 처리되어 있는 것은 여전히 검열이 강화되는 시기라는 사실을 보여준다. "○○○○○○○" 일곱 자는 '불령선인의 방화다' (不逞鮮人の放火だ)일 것이다.

"아무래도 ○○○○는 볼셰비키의 앞잡이인 것 같아"의 네 글자는 '불령선인'일 것이다. 아쿠타가와는 조선인들은 사회주의의 앞잡이인 것 같다고 말한다.

두 문장만 보면 아쿠타가와가 조선인이나 볼셰비키에 대한 생각이 얕은 것으로 보인다. 반대로 검열 당국을 안심시키는 문장일 수도 있다.

잘 알려져 있듯이 아쿠타가와와 기쿠친 칸은 고교 시절부터 툭 터놓고 대화할 수 있는 막역한 친구 사이였다. 아쿠타가와가 사망한 후 기쿠치 칸은 1935년에 아쿠타가와 문학상을 제정한다.

이 에세이는 아쿠타가와 특유의 냉소적이고 차가운 태도를 풍긴다. 이 글만 읽으면 아쿠타가와는 아주 나쁜 자경단원처럼 보이지만, 에세이 전체를 읽으면 그가 얼마나 검열 사회를 조롱하고 풍자하는지 알 수 있다. 이 글에 아쿠타가와가 자경단이라고 했다고, 그를 우습게 보면 큰 오독이다.

인용문에서 '야만스런 기쿠치'라는 말은 기쿠치를 내려 깎는 표현일까. 아니다. 기쿠치는 유언비어에 속지 않았고, 일본 시민과 자신은 그 유언비어에

1919년 맨 왼쪽이 기쿠치 칸, 그 옆이 아쿠타가와 류노스케.

속았다는 역설적인 표현이다. 당시 '선량한 시민'이라면 '볼셰비키와 조센징의 음모가 존재한다'고 믿거나 믿는 척이라도 해야 하는 미친 사회였다는 말이다. 국가가 강요하는 대로 척이라도 해야 하는 강요 사회였다. 유언비어를 믿은 선량한 일본 시민들이 속은 것이고, 선량하지 않아 국가에 세뇌에 따르지 않은 기쿠치 칸이 이성적이라는 말이다. 결국 기쿠치 칸을 등장시켜, 당시 일본인이 휘말린 괴랄한 광기를 비난하는 글이다.

아쿠타가와는 독자에게 야만스런 것이 기쿠치

칸인지, 일본인인지, 냉소하며 묻는다. 조선인들에게 가해진 탄압과 폭행이 얼마나 괴이쩍은지 역설적으로 표현한 것이다.

"선량한 시민이 됨과 동시에 용감한 자경단의 일원인 나는 기쿠치가 안타까울 따름이다"라는 문장에서 아쿠타가와 자신이 "용감한 자경단의 일원인 나"라고 표현한다. 이 글을 어떻게 이해해야 할까. 단순히 아쿠타가와가 자경단의 일원이었기에 그는 잔인하고 야만한 작가라고 생각한다면 너무도 가벼운 오독이다.

이 글은 일본 사회가 조선인 학살과 카메이도 사건이나 오스키 사카에 살해 사건 등을 쉬쉬하면서 감추던 시기에 나온 글이다. 자경단이 처음에 경비를 선 것은 좋았으나, 지나쳐서 조선인을 많이 학살하고, 가해자 중에는 도쿄 형무소에 수감된 자가 많다는 신문 기사가 9월 18일경에 이미 나오던 때다. 아쿠타가와가 자신이 "용감한 자경단의 일원"이라고 쓴 표현은 그리 자랑스런 말이 아니라, 수감될 수도 있는 짓을 했다는 고백이다. 사실 아쿠타가와는 자경단에 참여한 첫날 끔찍한 참상을 목격하고 곧바로 집으로 와버렸고, 이후 자경단이었다는 사실을 후회했다. 결국 "선량한 시민이 됨과 동시에 용감한 자경단의 일원인 나"라는 표현은 아쿠타가와를 포함한 당시 일본 시민들이 진정 선량하고 용감한 존재였던가를 아프게 묻는 야유다.

마지막 문장에서 "가장 선량한 시민이 된다는 것은, 어찌하든 고심(苦心)할 필요가 있다."에서 '고심'이란 마음과 온몸을 다한다는 뜻이다. 일본이란 사회에서 '선량한 시민'이 되려면 몸과 마음을 국가에 충성해야 한다는 말이다. 군국주의 검열 사회에서 '선량한 일본 시민'이 되려면 가미카제 특공대처럼 개인에 대한 생각을 버리고 온전히 몸과 마음을 바치는 '고심(苦心)'을 해야 하는 것이다.

위 인용문과 같은 시기에 발표한 글을 보자. 아쿠타가와는 짧은 이야기 「어느 자경단의 말」(或自警團員の言葉, 〈문예춘추〉, 1923. 10)에서 살육을 기뻐하는 자경단의 정신분열적 상황을 짧게 묘사한다.

> 자연은 그저 차갑게 우리의 고통을 바라보고 있다. 우리는 서로를 불쌍히 여기지 않으면 안 된다. 하물며 살육을 기뻐하는 건──물론 상대를 목 졸라 죽이는 건 논의에서 이기는 것보다 쉽지.
>
> 우리는 서로를 가련하게 대해야 해. 쇼펜하우어의 염세관이 우리에게 준 교훈도 그런 게 아니겠어?
>
> 아쿠타가와 류노스케, 김응교 번역, 「어느 자경단의 말」,
>
> 〈문예춘추〉, 1923. 10

살육과 논의를 비교하면서, 사람을 목 졸라 죽이는 것이 오히려 간단하다며 학살의 비극을 냉소한다. 다만 아쿠타가와의 글에서 자경단에 대한 반성적 고찰이 보인다고 그가 당시 조선인을 약자로 만든 식민지 구조를 인식했다고 볼 수는 없다. 그는 인간이 서로 죽이고 죽이는 비극의 강요를 힐란할 뿐이다.

그의 마지막 소설 「톱니바퀴」(1927)로 마무리하자. 「톱니바퀴」에서 주인공 '나' 는 아쿠타가와 류노스케가 분명하다. '나' 는 만찬이 행해진 호텔에 투숙하여 소설을 쓴다. 왜 하나님을 믿지 않느냐, 이런 질문보다 그는 악마의 기적를 믿는다. '나' 는 가는 곳마다 레인코트 입은 환상의 남자를 만난다. 이 남자는 '나' 의 분신 같은 도플갱어다.

눈앞에 자꾸 톱니바퀴가 어른거린다. 담배를 피운 스무 살 전부터 눈 앞에 톱니바퀴가 보이곤 했다. 실제로 아쿠타가와는 "요즈음 반투명한 톱니바퀴가 수없이 보인다"(1927. 3. 28)고 친구에게 편지를 써 보내기도 했다.

'나' 는 톱니바퀴처럼 "짜맞추기식 상상 속에서 자기 확신에 빠지는 인간들의 무지"를 본다. "전통적인 정신도 근대적인 정신처럼 나를 불행하게 만

아쿠타가와 류노스케, 『톱니바퀴』.

든다"며 톱니바퀴에서 벗어나려는 자유를 얻을 수 없어 괴로워한다. '나'는 도스토예프스키의 『죄와 벌』, 『카르마조프가의 형제들』에서 악마에게 고통받는 이반 이야기를 읽는다. '나'는 이반이 악마와 대화하고, 무신론, 환각, 발광 등에 공감하며, 편집증적으로 온 세상을 혐오한다.

　"나는 예술적 양심을 비롯하여, 그 어떤 양심도 가지고 있지 않다. 내가 가지고 있는 것은 신경뿐이다"라는 고백이나, "인생은 죽음보다 더 지옥적이다"라는 문장은 아쿠타가와가 얼마나 세상에 냉소적이고 내면이 어지러웠는지 보여준다. 이제는 죽음을 향하여 일상의 톱니바퀴가 하나씩 맞물려간다. 소설의 마지막에서 '나'는 "누군가 나를 편안히 목 졸라 죽여줄 사람이 없을까?"라며 괴로워한다.

1927년 7월 24일 35세의 아쿠타가와 류노스케가 자살하기 직전에 무너져가는 자신의 심리를 쓴 유언이 「톱니바퀴」가 아닐까. 아쿠타가와의 소설을 읽기 이전에 십여 년 간 내가 체험한 일본은 '톱니바퀴'의 긴장 사회였다. 「톱니바퀴」를 쓰기 이전에 자경단 아쿠타가와는 간토대진재에서 조선인 학살이라는 악마의 광기를 본 것이 아닐까. 학살이 톱니바퀴처럼 이어져 굴러가던 비극의 순간 말이다. 저 톱니바퀴에 들어가지 못하면 선량한 시민이 못 되는 강요된 사회, 광기의 톱니바퀴를 받아들일 수 없었던 그는 수면제 바르비탈 과다 복용으로 결국 사망한다. 그의 자살은 광기의 시대가 죽인 타살이 아닐까.

나라시노 수용소,
김동환 서사시 『승천하는 청춘』

9월 4일, 계엄사령부는 도쿄 근방에 있는 조선인을 일단 지바현 나라시노[習志野] 포로 수용소 등에 '보호'한다는 명목으로 수용하기 시작했다. 나라시노 수용소는 기병 13연대가 있던 자리에 있으며, 수용소 중에 가장 큰 규모였다.

이후 자위대 낙하산 부대로 변한 나라시노 부대에 가면 그날의 느낌이라도 얻을 수 있지 않을까 해서, 2000년 봄날 찾아간 적이 있다. 부대에서 멀찍이 떨어져 정문을 배경으로 카메라를 들고 몇 장 찍었더니, 금방 자위대 병사가 다가왔다. 무엇을 찍었냐고 묻기에 그저 부대 근방의 경치를 추억삼아 찍었다며 안심시켜 돌려보냈다.

나라시노 수용소에는 조선인과 중국인이 강제 수용되었다. 이 나라시노 수용소의 이야기를 담은 작품이 김동환(1901~1958)의 서사시 『승천하는 청춘』이다. 김동환은 이 사건을 24세에 체험한다. 이 시집은 현재 표기와 많이 달라 읽기가 어렵다. 원문을 쉬운 말로 현대문으로 바꾸어 인용한다.

이렇게 캄캄한 밤중에

물결을 처 넘는 저 십리 백골총(白骨塚)을 바라
보노라면

침 한 번 삼켜버리고 그 무덤만 가만히 바라보노
라면

금시에 관 뚜껑을 쓰고 수천 수백의 망령(亡靈)
들이

줄광대 모양으로 가달 춤추며 제각끔 뛰어나와

코끼리 파먹고 난 것 같은 자기 무덤 꼭대기에
올라서서

무어라도 두 팔을 저으며 인간 세상을 향해 부르
는 듯

그 소리 마치 "여보게 이리 옴세!" 하는 듯

구멍이 숭숭 뚫린 커다란 그 두개골(頭蓋骨)이

남산 봉화택까지 쑥 내밀어 너울너울 춤치워질 때

금박에 목숨 붙은 것같이 엉기엉기 기어나와 손
을 마조잡을 것 같은 그 모양을 보고는

등골로 옷싹 솟음이 끼침을 깨달으니

김동환, 『승천하는 청춘』, 신문학사, 1925, 11면

제1부 '태양을 등진 무리'는 음산한 가을 날씨를
배경으로 시구문 밖 공동묘지의 음울한 풍경을 그
리는 데서 시작된다. 마치 귀신이 나올 듯한 장면을

김동환.

연상케하는 긴 표현이 지루하기만 하다. 이어서 어린아이의 시체를 파묻고 울며 떠나는 여인과 그녀가 떠난 뒤 얼마 지나지 않아 그 시신을 파내어 품에 안은 여인의 뒷모습을 묘사한 것이 1부의 내용이다. 지루할 정도로 장황해져버려 극적 긴장감을 떨어뜨리는 대목이지만, 암울한 묘사는 1923년의 사건을 경험했던 이들의 슬픔을 재현한다.

　여기서 어린아이의 죽음은 간토대지진 때 벌어진 비극을 증폭시킨다. 비슷한 경우로, 간토대진재가 나고 4년 후인 1927년 정월에 도쿄로 온 김용제의 시 「진재의 추억」에서도 아이의 죽음이 나온다.

아직 거리에 비극적 이야기가 화제가 되었던 시기였기에 김용제는 '~에게 들었다'는 식으로 시를 쓰고 있다. 이 시에는 조선인 남편을 찾다가 남편이 학살되었을 것으로 알고 자살하려는 여인이 서정적 주인공으로 등장한다. 하지만 아이를 키워야 했고, 게다가 임신 중이라 자살하지 못하고 여인은 뒷골목으로 도망친다. 구단(九段)의 언덕길로 도망치다가 갑자기 달려드는 말에 탄 일본군에 밀려 여인과 아들은 돌계단 위에 머리를 부딪쳐 넘어지고 만다. 머리가 깨져 아이와 여인의 옷은 피에 젖는다.

> 그때 그녀는 임신해 있었기 때문에
> 잡아 찢긴 배 속에서
> 아직 눈도 코도 없는 태아가 튕겨 나왔습니다
> 그 토마토처럼 연약한 태아를
> ―이것도 조선의 종자다! 라며
> 군화 발뒤꿈치로 심하게 밟아 뭉개버렸습니다
> 옆에 있는 야스쿠니 신사(神社)의 '신(神)'들은
> 나라를 위해서
> 이런 맛있는 봉납(奉納)은 없을 거야, 라고
> 틀림없이 기뻐했겠지요

> 김용제, 김응교 번역, 「진재(震災)의 추억」, 1931. 9. 10

끔찍한 묘사다. 아이의 죽음과 야스쿠니 신사의 봉납(奉納)을 대비시켜 비극을 극대화시킨다. 이처럼 태아의 죽음은 비극적인 상황을 더욱 끔찍하게 강조한다.『승천하는 청춘』에서도 제1부에 나오는 아이의 죽음이 끔찍한 비극을 잘 증폭시킨다.

가장 주목되는 부분은 제2부 '2년 전'이다. 이 대목의 주된 배경은 도쿄에서 얼마 떨어지지 않은 지바현 해안의 나라시노 이재민 수용소다.『국경의 밤』과 함께 1925년 초에 발표된『승천하는 청춘』은 김동환을 우리나라 초유의 근대적 장편 서사 시인이라는 확고한 문단적 지위를 얻게 했다. 무엇보다도『승천하는 청춘』의 제2부가 주목받아야 하는 이유는 간토대진재의 현장을 탁월하게 보고하기 때문이다.

그 참혹한 악몽(惡夢)에서 피한 것을 다행으로 여기면서
마당에는 벌써 총끝에 칼 꽂은 여러 병정들이
어깨에 찬 칼바람을 껴안고서
무덱무덱 모여서 '인원점검표(人員檢查簿)'를 뒤적거린다

김동환,『승천하는 청춘』, 29면

화약고 곁에 모여선 제1영(第一營) 앞에 선 그때

"번호!" 하는 송곳질하는 듯 뾰죽한 구령 소리
터지며

　이내 하낫! 둘 하는 폭죽(瀑竹) 같은 소리 뒤를
잇는다

　그래서 열 스물도 지나 삼백! 하고 겨우 끝나게
되면

　사관(史官)의 낯은 또 찡그러지며 다시! 하고 호
령한다

　한두 놈 도망한 자 있다고 옹얼거리면서—

김동환, 『승천하는 청춘』, 31면

　이것은 나라시노 진재민(震災民) 수용소 아침
때 광경이랍니다

　일본 서울에서 한 오십 리나 되는 지바 해안의

　조선인 수용소의 날마다 아침 때 광경이랍니다

김동환, 『승천하는 청춘』, 32면

　1923년 가을 "이천 명의 피난민이 이 나라시노
벌의 임가 병영에 몰려와 / 흰옷 입었다는 이름 아래
이곳에 보호받고 있었다 / (중략) / 이리 굴리고 저
리 몰리며 개딱지만 한 이 병영(兵營)에 모여"(『승
천하는 청춘』, 33면) 살던 모습을 김동환은 잘 묘사
하고 있다.

나라시노 수용소에 가기 전에 지바 경찰서에 수용된 조선인들.

비위생적인 수용소에서 조선인들은 새벽마다 나
팔 소리가 나면, 수천 명의 할아버지·여인·아이
할 것 없이 연병장으로 뛰어 나가야 했고, 그들을 바
라보면서 일본 군인은 인원검사표를 뒤적였다. 9월
4일부터 시작하여 약 2개월이 지난 10월 말에 나라
시노 수용소는 폐쇄한다. 3,000명이나 수용했다고
하니, 인원수를 점검할 수밖에 없다. 곁에서 매일 구
령을 외치면서 검사당하는 풍경, 제2차 대전 당시
유태인 수용소를 연상시키는 나라시노 수용소의 아
침 풍경이다.

조선인들은 보호라는 미명 아래 인간 이하의 대
우를 받아야 했다. 수용된 조선인은 잔혹하게 대우
받았고, 지진 지역의 노동 봉사, 특히 시체 처리에
동원되었다. "모든 것이 관(棺) 속인 것 같다"(김동
환, 『승천하는 청춘』, 89면)는 표현은 한마디로 수용

소의 풍경을 압축한 표현이다.

이런 수용소에서 두 주인공은 어떻게 사랑을 나누었을까. 대진재가 있기 전 도쿄기독교회관에서 열린 진보적인 회합에서 여주인공과 남주인공은 서로 호감을 느낀다. 그후 우연히 수용소에서 만난 그들은, 사랑을 나눈다. 사랑했던 두 사람은 2부 후반부에 이르면 헤어진다. 헤어지게 되는 이유는 불온 사상을 가졌다는 이유로 청년이 수용소 밖으로 끌려나갔기 때문이다.

그것은 이재민 속에 언짢은 분자(分子)가 있다고
그를 빼버리기 위한 숨은 계획이
이 날 밤 쥐도 새도 모르는 가운데 시행되었다
이제는 나팔로 불려고 할 때
난데없이 등불 없는 자동차 한대 병영(兵營) 앞
문을 지킴이―

얼마 뒤 청년 네 명은 말없이 끌려 나와
그 자동차에 실리었다

자동차가 거이 떠나려 할 때
수군거리는 소리에 놀란 그 여자는
깜짝 놀라 밖으로 나갔건만

차는 벌써 폭음(瀑音)을 치고 이미 내달았다

"아, 여보세요 선생님!"

여자는 실신(失神)하여 땅에 꺼꾸려져 운다

(중략)

그 네 사람 속에, 그 청년도 끼였었다

김동환, 「승천하는 청춘」, 98~99면.

사랑하던 청년이 수용소에서 끌려나가자 여자는 "길게 밤새 울며"(99면) 괴로워한다. 그녀는 이재민 수용소에서 불온한 사상을 지녔다는 이유로 일본군에게 끌려간 청년이 죽은 줄 알고 고향으로 돌아간다. 사실 이 대목이 쉽게 이해되지 않았는데, 실제 비슷한 사건이 있었던 곳을 현장 답사하고 나서, 처녀가 청년의 죽음을 확신할 수밖에 없었던 당시 상황을 이해할 수 있었다. 수용소 밖으로 끌려나가면 일본인 자경단에 의해 어떻게 되는지 증언이 남아 있다.

9시경 조선인 두 명을 받아온다. 합쳐서 다섯 명을 나기노하라의 산지기 무덤가에 구멍을 파서 앉힌 후 목을 베 죽이기로 결정했다. 첫 번째, 구니미 쓰는 단칼에 훌륭하게 목을 잘랐다. 두 번째로 게이지는 힘이 모자라 중간까지밖에 자르지 못했다. 세

번째 고지는 목가죽이 덜 잘렸다. 네 번째, 미쓰오
는 구니미쓰가 벤 칼로 다시 훌륭하게 단칼에 베어
버렸다.

강덕상, 『간토대지진, 학살의 기억』, 역사비평사, 2005, 291~292면

증언에 따르면 나라시노 수용소에서 "줄 테니 받
으러 오라"는 연락이 와서, 자경단이 가서 죽였다고
한다. 수용소에 있던 조선인을 받아 자경단이 살해
한 실제 증언은 이 글 외에도 남아 있다. 조선인에게
수용소 밖은 곧 죽음을 의미했다.

나라시노 수용소가 있던 지금의 자위대 부대 정
문 앞에서, 자동차로 15분 정도 가면 다까즈 이시바
시[高津石橋]라는 곳에 400여 년 된 고찰 관음사(觀
音寺)가 있다. 1999년 9월 5일 바로 이 절의 일본인
주지 스님의 배려로 희생된 한국인 5명과 한국인으
로 오인되어 죽은 오사카 출신 일본인 1명의 넋이 안
치되었고, 이후에 위령비도 세워졌다. 필자는 2001
년 10월 25일 와세다 대학 오무라 마스오 교수와 매
년 9월 1일 '간토대지진 학살 조선인 위령제'가 열
리기로 유명한 그 절을 찾아 갔다.(→ 4장 '오무라
마스오 교수와 세키 고젠 스님' 218~222면 참조)

여기까지만 들어도 『승천하는 천국』에서 청년이
수용소 밖으로 끌려나갔을 때 왜 여인이 그렇게 밤

관음사에 있는 간토대지진 조선인 희생자 추모비.

새 통곡했는가를 이해할 수 있다.

우리 일행은 주지 스님과 인터뷰를 끝내고 조선인이 학살되었다던 나기노하라에 찾아갔다. 몇 번 길을 잘못 들어 헤매다가 당도한 나기노하라는 지금도 여전히 공터였다. 아닌 게 아니라 사람이 사람을 도살하고 매장한 그런 장소에다 누가 집을 짓고 살겠는가. 잡초 무성한 공터인 그곳은 당시의 비극적인 풍경 때도 있었다던 큰 나무 한 그루만이 을씨년스럽게 버티고 있었다.

나라시노 수용소에서 반항적으로 보여지는 조선인은 9월 7일경 육군에서 자경단으로 넘겨져 살해되었다는 기록도 남아 있다. 『승전하는 천국』에서 갑자기 트럭에 태워져 나간 네 명은 이렇게 죽지 않

김동환, 장편서사시, 『승천하는 청춘』.

앉을까. 관음사의 '간토대지진 조선인 희생자 추모
비'와 을씨년한 공유지 앞에서 잠깐 묵념해본다.

이후 『승천하는 청춘』의 제4~6부는 사랑하는 청
년과 이별하고 난 뒤 고향에 돌아온 처녀의 생활과
그녀가 아이를 공동묘지에 묻게 되기까지의 사연을
그린다. 이 작품에서의 '승천'이란 주인공들의 자
살을 암시하는 것으로 읽힌다. 시집 제목인 『승천하
는 청춘』이란 죽어간 청춘들의 이야기라는 뜻이다.

'지금 여기'가 아닌 또 다른 세계로의 탈출을 뜻
하는 승천이 결국 죽음 외의 다른 것을 뜻한다고 보
기는 어렵다. 식민지 현실, 게다가 인간이 동물처럼
다루어지던 수용소에서 정신적 지향과 육체적 욕망
이 조화를 이루는 사랑이 가능할까. 작가가 이런 주

제를 밀도있게 풀어나간다는 것은 쉽지 않다. 이에 대해 작가는 진지하게 천착하기를 포기하고 주인공들을 죽음으로 몰고 갔다.

아쉽게도 작품에서 세계의 변혁을 지향하는 운동과 자신들의 사랑을 어떻게 연결시킬 것인지에 대한 고민의 흔적은 거의 나타나지 않는다. 표현에 대한 열망은 있으나, 구체적인 사상이나 실천을 시에 담기 어려웠던 시대였다. 작가의 역량을 따지기에 앞서 1920년대 식민지 조선 사회의 한계다.

간토대지진과 미야자와 겐지 시
「종교풍의 사랑」, 「스바루」

미야자와 겐지(1896~1933)는 일본의 대표적인 시인이자 동화작가이다. 1896년 이와테현 하나마키 시에서 태어난 미야자와 겐지는 모리오카 중학교와 모리오카 고등농림학교를 졸업한 후 히에누키 농업학교에서 아이들을 가르치며 시와 동화를 썼다. 또한, 처참한 농촌 현실에 관심을 두고 농예과학연구에 몰두했다. 1933년 37세에 폐렴으로 사망하기까지, 창작과 농업 지도에 대한 헌신이 작가의 짧은 생애를 관통하는 중요한 과제였다.

1924년 시집 『봄과 아수라』와 동화집 『주문이 많은 요리점』을 자비로 출판했고, 이것은 생전에 간행된 책이 되었다. 시 「비에도 지지 않고」와 애니메이션 〈은하철도999〉의 본래 컨셉을 쓴 동화작가이며, 그는 일본에 끌려간 조선인 이주 노동자의 모습을 시로 쓰고, 간토대지진을 체험하고 두 편의 시로 증언한다.

미야자와 겐지.

종교풍의 사랑(宗教風の戀)

푸석푸석하던 벼도 부드러운 연녹색으로 여물고
서쪽에는 저토록 어둡고 멋진 안개가 가득하고
풀이삭은 온통 바람에 물결치는데
가여운 너의 연약한 머리는
아찔할 정도로 푸르게 흐트러져
언젠가 오다 다케시(太田武)인가 누군가처럼
눈가도 눈물로 뒤범벅되어버린다
정말 편협하고 예민한 성격이면서
왜 이렇게 투명하고 아름다운 대기층에서
애태우며 암담한 고뇌를 잡으려 하는지
신앙이 아니면 얻을 수 없는 것을
왜 인간 속에서 꽉 움켜잡으려 하는가

바람은 당당히 하늘에서 소리내고
도쿄의 피난민은 반쯤은 뇌막염에 걸려
지금도 날마다 도망쳐 오는데
어째서 너는 치유될 수 없는 슬픔을
일부러 화창한 하늘에서 끌어오는가
지금은 더 이상 이럴 때가 아니다
그러나 좋고 싫다는 말이 아니다
너무도 네가 고통스럽게 생각되기에
보다 못해 나는 말하고 있는 것이다
자 눈물을 닦고 바로 서자
이제 그런 종교풍의 사랑을 하면 안 된다
이런 종교적인 것과 인간적인 것 사이에
우리와 같은 초심자가
있을 곳이 결코 아니다

미야자와 겐지, 김응교 번역, 「종교풍의 사랑」, 1923. 9. 16

이 시는 1923년 9월 16일에 탈고했다고 씌어 있
다. 14만 2,000명이 죽고 3만 7,000명이 실종되었다
는, 1923년 9월 1일 간토대진재(關東大震災)가 일어
나고 얼마 뒤에 쓴 시다. "도쿄의 피난민은 반쯤은
뇌막염에 걸려 / 지금도 날마다 도망쳐 오는데"라고
썼는데, 당시 도쿄를 탈출한 피난민은 310만 명에
달했다고 한다. 당시에 뇌막염이 유행했다고 한다.

종교적 사랑과 인간적 사랑 사이에서 자신을 성찰하는 작품이다. 종교성과 인간성의 두 극단 사이에서 고뇌하는 마음을 묘사한다. 고뇌를 해도 그는 "가여운 너의 연약한 머리는 / 아찔할 정도로 푸르게 흐트러져"라며 '푸르게' 라고 표현한다.

까닭도 없이 죽어간 많은 죽음을 보면서 겐지는 종교풍의 관념적인 사랑을 거부하려는 태도를 보인다. 이 비극의 현장에서 필요한 것은 인간적인 사랑이다. 여기서 '너' 는 미야자와 겐지 자신을 말한다. 잡념과 집착을 버려야 하는 불교적 삶의 태도를 성찰하는 작품이다.

스바루(昴)

가라앉은 달밤 포플러 가지 끝에
별 두 개가 거꾸로 매달린다
(스바루가 하늘에서 그렇게 말한다)
괴상하게 빛나는 오리온자리와 푸른 전등
또한 기뻐하는 농촌 아낙네의
억세고 붉은 뺨
바람은 불고 불고 소나무는 홀로 서 있고
산을 내려가는 열차의 질주
만약 열차 밖에 서 있다면 치일 것이다

산에 가서 나무를 베는 사람은
아무래도 돌아갈 때 마음이 켱긴다
(아아 모든 덕은 수가타(善逝)에서 와서
수가타에 이르는 겁니다.)
팔짱을 끼고 어두운 화물 열차 벽에 기댄 소년아이
광주리에 오늘 아침 닭을 넣고 가더니
닭이 팔려 홀로 돌아오는 것이냐
그 새파란 밤의 아름다운 메밀밭
전등에 비친 메밀밭을 본 적 있습니까
시민 여러분
오오, 형제여 이것은 자네의 감정이구나
시민 여러분이라니, 그따위 헛소리는 말하지 마라
도쿄는 지금 생사의 갈림길로 아수라장이다
보라 이 전차도
레일에서 푸른 불꽃을 튕기며
더 이상 전갈자리인지 용자리인지도 모른 채
필사적으로 달리고 있다
(콩밭에 저 선명한 상실)
아무래도 화물칸 벽은 위험하다
내가 벽과 함께 이 근방으로
날라가 쉽게 죽을 수 있다
돈이 있는 사람은 돈을 믿지 못한다
몸이 건강한 사람이 돌연 죽는다

머리가 좋은 사람은 정신이 유약하다
믿을 만한 것은 전부 믿기 어렵다
단지 모든 덕만이 이 거대한 여행의 양식이고
그리고 이 모든 덕성은
수가타에서 생겨 수가타에 이른다

미야자와 겐지, 김응교 번역, 「스바루」, 1923. 9. 16

원제는 '묘(昴)' 스바루다. 뜻을 나타내는 날 일
(日)과 음을 나타내는 토끼 묘(卯)를 합친 형성자이
다. 우리말로는 여러 별들이 오밀조밀 모여 있다고
하여 '좀생이별', 영어로는 플라이아데스 성단
(Pleiades star cluster)이라고 한다. 이 별은 황소자리
주변에 있는 500여 개의 별무리를 이끈다. 매년 2월
6일 초저녁에 이 별의 기색을 살펴 그해 농사의 풍
흉을 예측할 수 있었다.

일본에서는 '스바루(すばる)'라고 하며 좋은 의
미를 갖고 있어, 사람 이름으로도 많이 쓴다. 일본
동북 지역에서도 스바루가 별 여섯 개가 아니라, 다
섯 개나 일곱 개로 보이면 흉년이 든다고 했다.

이 시에는 네 가지 별이 나온다. 스바루, 오리온
자리, 전갈자리, 용자리. 열차를 탄 겐지는 "가라앉
은 달밤"을 보며 생각한다.

이 시의 창작일은 1923년 9월 16일이다. 역시 간토

대진재가 일어난 뒤에 쓴 작품이다. 아름다운 스바루 별빛 아래, 아름다운 메밀꽃밭이 펼쳐져 있지만, 인간에게는 극단의 비극이 펼쳐져 있는 상황이다.

"도쿄는 지금 생사의 갈림길로 아수라장이다."

이것이 1923년 9월의 도쿄 풍경이다. 대지진이 나고 회오리불이 일어 온 도시가 화염 지옥이 되자 사람들은 열차를 타고 탈출한다. 기차는 불꽃을 튕기며 필사적으로 탈출한다. "시민 여러분"이라고 호명하는 계엄 당국의 호소를 믿을 수 없다. 돈도 누구도 믿지 못하는 아수라장이다. 탈출하는 사람이 많아 객석 자리가 모자라, 겐지는 화물칸에서 도시를 빠져나가며 성찰한다. 수가타(善逝, スガタ, Sugata)란 우리말로 피안으로 '잘 간 사람'이라는 뜻이다. 한자로 보면 선(善)은 '잘', 서(逝)는 '가다'라는 뜻이다. 해탈의 경지인 열반에 들어 다시 이생으로 돌아오지 못할 사람이다. 이 시의 마지막 구절에서 겐지는 "그리고 이 모든 덕성은 / 수가타에서 생겨 수가타에 이른다"며 저편으로 건너간 사람들의 영혼을 위해 기원한다. 스바루는 일본인이 가장 비극적인 상황에서 희망으로 다시 보는 상징이다.

간토대지진의 희생자,
자유 정신 오스기 사카에

 필자가 오스기 사카에(大杉栄, 1885~1923)에 대하여 관심을 가진 이유는 두 가지가 있다. 첫째는 신동엽 시인이 오스기 사카에의 책을 읽었다고 생각했기 때문이다. 필자가 1987년에 부여 신동엽 시인 생가를 찾아갔을 때, 신동엽 시인의 부친인 92세의 신연순 옹이 신동엽 시인이 읽은 일본어판 오스기 사카에 책을 보여주셨다. 오랫동안 마음에 둔 책인데 이상하게 현재 신동엽 시인이 남긴 유품에 이 책이 없다. 그때 그 책을 언젠간 번역해야겠다고 생각했고, 이후에 김응교·윤영수 공역으로 『오스기 사카에 자서전』(실천문학사, 2005)을 출판했다.

 이 책은 오스기 사카에가 1923년에 유서처럼 발표한 「자서전」과 「일본 탈출기」가 들어 있다. 이 책을 통해 우리는 오스기 사카에가 어떻게 성장하여 아나키스트가 되어가는지, 또한 20세기 초반 일본과 상하이와 프랑스의 뒷골목에서 어떤 일이 있었는지를 상세히 볼 수 있다. 그의 인간적인 매력은 물론, 동아시아 근대화 과정에서 그들이 추구한 사상과 행동이 갖는 역사적 의미도 확인하게 될 것이다.

둘째, 간토대지진 때 오스기 사카에가 살해당했기 때문이다. 간토대지진 때 일어난 조선인 학살과 더불어 일제 정부는 군국주의에 반대되는 사회주의자와 아나키스트도 없애려 했다. 이때 아나키스트의 대표자 격으로 오스기 사카에와 조선인 박열 등이 체포된다. 정치 체제가 파쇼화되면 인간을 어떻게 희생시키는지, 그 대표적인 희생자가 오스기 사카에이기 때문에 그에 대하여 관심을 갖지 않을 수 없었다.

아마카스 살해 사건

1923년 9월 16일 일본 간토대진재가 일어나고 보름이 지나서, 조선인 학살의 비극도 잦아질 무렵, 조선인도 아닌데 맞아 죽은 일본인이 있었다.

일제는 간토대진재로 국민들의 불만이 서서히 고조되자 그 집단적 불만과 광기를 사회주의자와 노동운동가에게 돌리려고 한다. 그 산 제물의 하나로 오스기 사카에는 헌병에 의해 잔혹하게 살해당한다. 그만 살해당한 것이 아니라, 내연녀였던 여성 운동가이며 아나키스트인 이토 노에와 일곱 살이던 조카 다치바나 소이치까지 살해당한다. 세 사람의 시신은 우물에서 발견되어 더 충격적인 소문으로

오스기 사카에.

빨리 확산되었다.

 살해의 실행 용의자로 지목된 이는 아마카스 마사히코[甘粕正彦] 헌병 대위였다. 그와 그의 부하들은 군법 회의에 회부된다. 치안 당국이 조직적으로 사회주의자와 아나키스트를 살해한 의심스러운 부분이 분명히 있는데도, 재판에서는 아마카스 대위가 혼자 판단하여 우발적으로 살해한 사건으로 마무리된다.

 불순한 무정부주의자들이 대지진으로 혼란한 틈을 타서 정부를 전복시키려 하기에 살해했습니다.

 아마카스 대위에게는 10년형이 언도되지만 이후

에 수상한 일이 벌어진다. 오스기 사카에 일가를 살해한 아마카스 대위의 직속 부하 3명은 무죄 판결을 받고, 아마카스는 고작 3년의 형기를 겨우 채웠을 때 가석방된다. 정말 놀라운 사실은 석방 후 그는 프랑스로 유학을 간다. 명성황후를 살해한 일본인처럼 아마카스 대위도 비슷한 과정을 밟는다. 귀국 후에는 다시 만주로 건너가 만주영화협회 2대 이사장에 오르는 등 출세를 거듭하다가, 전쟁에서 일본이 패하자 1945년 8월 20일 자살한다.

지진으로 인한 혼란의 와중에 조선인 폭동에 대한 유언비어가 퍼지면서, 카메이도 경찰서는 조선인과 사회주의자, 노동조합원을 검거한다. 보호 방침에 따라 조선인들과 난카쓰 노동회(南葛勞動會)의 가와이 요시토라[川合義虎], 순(純)노동자조합의 히라자와 게이시치[平澤計七] 등 노동자 10명을 검속한다. 기병 제13연대 장병들은 9월 3일 밤부터 이틀에 걸쳐 이들을 비밀리에 참살했다.

이 사건은 10월 10일 보도되었으나 진상이 가리워졌고, 일본노동총동맹과 자유법조단이 규탄 운동에 나섰지만 권력에 의해 묵살당하였다. 이때의 일본인 노동운동가와 조선인 학살 사건은 오스기 사카에 살해 사건과 함께 간토대진재의 3대 사건으로 불린다.

당시 이러한 국가 테러는 제국 일본의 새로운 일

상이었다. 1868년 이전 서구인들이 마음대로 멸시할 수 있었던 혼욕, 춘화(春畵), 쌍칼잡이 사무라이, 요시와라(吉原) 사창가의 게이샤들이 없어지거나 감추어진 대신 초법적인 통제력을 지닌 메이지 근대 국가라는 괴물이 출현한 것이다. '국가(國)'라는 이름 아래 '개인(個)'은 미천한 존재에 불과했다. 이러한 과정에서 한 인간, 오스기 사카에는 국가적 폭력 아래 '너무도 자연스럽게' 사라지고 만다. 시대는 그를 반항자로 만들고, 동시에 순교자로 만들었다.

그의 죽음에 대해서는 여러 학설이 많다. 다만 엔도 슈사쿠는 중편 소설 「땅울림(地なり)」(『中央公論』, 1958)에서 오스기 사카에가 구타당하고 목이 졸려 질식사하는 현장을 가까이 있던 증언자의 고백을 담아 기록하고 있다. 이 중편 소설을 읽으면, 오스기 사카에와 그 연인과 일곱 살배기 조카가 얼마나 어처구니없이, 얼마나 우발적으로, 아니 너무나 자연스럽게 국가적 폭력에 의해 학살되었는지를 볼 수 있다.

1967년의 감정서와 1968년에 나온 보고서에 의하면, 그의 죽음은 구타에 의한 질식사로 기록되어 있다. 이후 판결문 등이 공개되긴 했으나 그 죽음의 하수인이 누구였는지는 밝혀지지 않고 있다. 과연 오스기 사카에가 얼마나 일본의 체제에 반대되기에 일제는 그를 죽일 수밖에 없었을까.

아나키스트는 위험한 테러리스트인가

한국인은 아나키즘이라 하면 두 가지, 곧 '무정부주의'와 '극단적 테러리즘'을 떠올린다. 우리말 사전에는 "아나키즘은 무정부주의(無政府主義)"라고 나와 있다. 이것은 정확한 번역이 아니다.

동아시아에서 아나키즘을 무정부주의라고 해온 것은 초창기 몇 사람의 번역 때문이다. 그때부터 '무정부'라는 단어가 일반인들에게 고정 관념을 깊게 심어놓았다. 게다가 아나키즘을 반대하는 국가 체제에게 아나키스트들을 체포하기 위한 구실로 '무정부'라는 표현보다 좋은 것은 없었다. 국가는 이 단어에 혼란 상태를 의미하는 부정적인 이미지를 끊임없이 덧입혔다. 나아가 아나키스트는 '위험한 테러리스트'로 규정되기도 한다.

사실 아나키즘은 무정부주의나 테러리즘으로 번역될 수 없다. 촘스키(N. Chomsky)는 "아나키즘은 학설이 아니다. 사상과 행동의 역사적 경향이다. 이 경향은 계속해서 개발되고 발전 중인 수많은 길을 가지고 있으며, 내 생각에는 인류의 역사가 있는 한 영원히 계속될 것이다"(Tom Lane , A Noam

Chomsky on Anarchism, December 23, 1996)라고
했다. 아나키즘이란 한 단어로 정의할 수 없고 '운
동과 생각의 경향'으로만 설명할 수 있다는 말이다.

최근 아나키즘은 반권위주의, 다양성의 강조 등
긍정적인 의미로 확산되고 있다. 세계 지성인들이
오래 묵은 아나키즘을 새롭게 재해석하고 있다. 지
난 세기에 '실패한 유령'이 복잡한 디지털 시대에
왜 새롭게 모습을 드러내는 것일까.

조선과 오스기 사카에

오스기 사카에와 조선은 어떠한 관계가 있을까.
오스기에 앞서 고토쿠 슈스이는 동아시아 혁명가들
이 연대해야 한다는 주장을 했다. 신채호는 고토쿠의
영향을 받아 아나키스트가 되었다.

첫째, 오스기 사카에는 한국의 몇몇 활동가를 알
고 지냈다. 오스기 사카에 『자서전』에는 그가 당시
이동휘, 여운형 등 조선의 활동가들을 직접 만났다
는 것이 기록되어 있다. 당시 조선의 중요한 아나키
스트로는 신채호, 김원봉, 김두봉, 박열, 이회영, 유
자명, 이을규, 정화암, 신채호, 백정기, 김산 등이 있
었다. 이때 도쿄에 있는 조선인 유학생들은 오스기
사카에의 영향을 많이 받았다.

일본에서 한국인 아나키스트 운동은 1921년 11월 박열, 정태성 등이 오스기 사카에와 이와사 사쿠타로(岩佐作太郎) 등의 후원을 받고 흑도회(黑濤會)를 조직하면서 시작되었다. 이들은 기관지 〈흑도〉를 만들고, 국가적 편견과 민족적 증오 없이 한·일 양 국민이 진정으로 융합하는 사회를 지향해 나가자고 밝혔다. 이 조직을 일본에서 시작한 최초의 재일 아나키스트 운동으로 보고 있다.

(1922년―옮긴이) 8월 말경이었다. (상하이에 있는) 조선 임시정부에서 중요한 위치에 있는 한 청년 M(마(馬), 본명이 이춘숙인가 그렇다)이 갑자기 가마쿠라에 있는 우리 집으로 찾아왔다. (중략) 그러던 것이 이 조선 동지가 전해온 '7자 복자'의 제안에 따라, 이번에는 '사회주의'라는 훨씬 좁은 범위에서 부활되려 하고 있었다. 나는 기뻐하며 즉시 그 제안을 받아들였다.

오스기 사카에, 『오스기 사카에 자서전』, 실천문학사, 284면

극동사회주의 회의에 참석해달라는 조선인 활동가를 만났다고 기록하고 있다. 1908년 6월 22일 일본에서 사회주의자를 구타하고 체포한 적기(赤旗) 사건 이후 중요한 활동가들은 모두 투옥된 상황이

었고, 외국의 사회 단체는 물론 조선의 아나키스트들 사이의 편지 교환도 어려웠다. 더욱이 대역 사건이 터지고 나서는 더욱 불가능하던 차였다. 이럴 때 상하이에서 찾아온 한 조선인을 만나고 오스기 사카에는 무척 기뻐한다. 신분이 확실하지 않은 조선인 사회주의자를 따라간 오스기의 '모험주의'를 비판하는 견해도 있었으나, 그러했기에 그는 '혁명가'였던 것이다.

당시 식민지 조선의 아나키즘은 유럽이나 일본과 달리 민족주의와 결합된 '투쟁적 민족주의' 성격이 강했다. 예컨대 급진적인 테러를 주장하는 의열단(義烈團)이 1919년 11월에 만주에서 조직되기도 했는데, 그 지도자 김원봉은 오스기 사카에를 1923년 1월 상하이와 베이징에서 만나기도 했다.

당시 김원봉은 "조선 총독을 대여섯 명 죽이면 후계자가 되려는 자가 없을 것이고, 도쿄에 폭탄을 터뜨려 매년 두 번 이상 놀라게 하면 그들 스스로 한국 통치를 포기하게 될 것"이라고 생각했다. 만주에 있던 의열단이 베이징으로 옮겨와 상하이까지 세력을 확장할 때 오스기 사카에를 만난 것이다. 오스기 사카에의 죽음으로 실현될 수는 없었으나, 김원봉과 오스기는 도쿄에 지부를 설치할 것을 합의했다고 한다.

둘째, 조선인 사회운동가는 그의 저서를 통해 많은 것을 배우고 있었다. 앞서 말했듯이, 간토대진재 때 오스기 사카에는 학살당했다. 아울러 일본 당국은 9월 1일 명목상 보호 감호라는 이유로 박열 등 그의 동료 전원을 체포했다. 중요한 활동가였던 손명표는 오스기 사카에가 학살당하자 "도쿄의 인구를 다 잃더라도 오스기 사카에 한 사람을 잃은 손실만 못하다"라고 그의 죽음을 애석하게 생각하며 추모했다.

한편 일본에 잔류한 정태성, 장상중, 최규종 등은 감옥 밖에 있던 동지들과 협력하여 전열의 재정비를 시작했다. 대표적인 아나키스트 최갑룡도 활발한 무정부주의 활동을 전개했다. 이들은 무엇보다 먼저 독서회를 조직하였는데, 그들이 처음 채택한 도서는 오스기 사카에의 저서 『정의를 구하는 마음』이었다. 최갑룡은 오스기 사카에가 주장하는 "노동자 자신에 의한 노동자의 해방"이란 글귀를 자신의 신념으로서 다짐했다고 한다. 이후 일본에서 대학을 중퇴한 하종현이 크로포트킨과 오스기 사카에의 저서를 갖고 귀향하여 대구와 진주 등의 아나키스트 모임에 참여한다. 이렇게 오스기 사카에가 일본과 한국 아나키즘에 끼친 영향은 은밀히 계속되었다.

하나의 선택, 계급 운동

이기영, 김동환, 이상화, 김용제

당시 사람들은 지진을 피해, 메이지 시대 때 육군의 옷을 만들었던 육군 피복창(被服廠)이 이전하고 남아 있던 빈터로 향했다. 그러나 그곳은 거기까지 번진 불로 3만 8,000명이 타 죽는 지옥 같은 곳이 되어버렸다. 지금은 수미다[墨田]구 요코아미초[橫綱町] 공원이 되었고, 전형적인 일본풍[和風]의 '도쿄도 위령당(東京都慰靈堂)'이라는 거창한 건물이 서 있다. 부슬부슬 비가 내리던 2001년 11월, 필자는 거대한 '진재기념당' 앞에 한참을 서 있었다.

이 건물은 원래 간토대진재 위령당이었는데 '소화(昭和) 전쟁'의 위령을 모신다며 이름을 바꾼 것이다. 소화 전쟁이란 미국과의 전쟁, 즉 제2차 세계대전을 말하며, 1944년 미군의 도쿄 대공습으로 죽은 민간인들을 이곳에 합사(合祀)시킨 것이다.

여기에 지진으로 죽은 자 5만 8,000명의 위패가 있다. 이 중 약 2만 명의 이름은 아직도 모른다. 2만 명 중에 조선인이 몇 명인지도 알 길이 없다. 위령당 오른쪽으로 학살된 조선인을 위령하는 검은 화강암

비석이 있다. 위령당에 향초 한 대를 피워 올려 묵념하면서, 아비규환의 사건 이후 한국인 작가들이 어떻게 변모했는지를 생각해본다.

이기영의 경우

간토대진재가 한국 사회에 어떤 영향을 미쳤는가를 보는 이기영의 평가는 주목할 만하다. 이기영은 간토대진재가 오히려 식민지 조선에 마르크스-레닌주의를 공부하게끔 자극시켰다고 진술한다.

일제는 오히려 관동대진재의 손해를 조선에서 식민지적 착취 방법으로 찾으려고 하였다. 왜놈들은 일본의 공업을 더욱 발전시키기 위해서는 조선과 같은 노동 임금이 낮고 또한 원료를 헐값으로 얼마든지 얻을 수 있는 곳에다 직접 자본을 투입하는 것이 가장 상책이라고 타산하였던 것이다. 그리되면 조선 노동자들을 구태여 일본으로 끌어들일 필요도 없다. (중략) 그 바람에 조선 내에서는 노동자 대열이 급격히 장성되어갔다. 한데 노동 계급의 장성은 한편 놈들의 두통 거리로 되었다. 왜냐하면 그들은 계급 투쟁의 선봉대로서 마르크스-레닌주의를 다른 누구보다도 제일 빠르게 사상적으로 접수

할 수 있었기 때문에.

이기영, 『두만강』, 3부 상, 135면

이기영은 간토대진재로 인해 조선 사회는 프롤
레타리아 운동이 확대되었다고 설명한다. 조선 문
단 역시 유학 생활에서 돌아온 귀국생들에 의해 프
롤레타리아 문학 운동이 힘을 얻기 시작했다고 적
고 있다. 자연적인 재해는 작가들의 영혼에 지진을
일으켰고, 그 절망 속에서 뭔가 주체적인 실천의 장
을 필요로 했던 것이다. 그래서 선택한 것이 계급 투
쟁이었고, 마르크스-레닌주의였다. 단지 소설의 주
인공들뿐만 아니라, 이기영 작가 자신이 그런 길을
걸었다. 그는 귀국 후 카프에서 활동했으며, 세태 풍
자적이고 사회주의적인 작품으로 두각을 나타내다
가 1946년 월북한다.

김동환의 경우

김동환 역시 간토대진재 이후 귀국하여 프롤레
타리아 운동에 뛰어든다. 1923년 그는 도요(東洋)대
학 문화학과를 다니고 있었다. 공부와 생활에 쫓기
기만 했다고 보기는 어렵다. 실제 고학생들의 단체
인 '갈돕회'에서 활동하기도 했고, 그는 이를 중심

으로 유학생들이 창립한 재일조선노동총연맹에서 9인의 중앙집행위원 중의 한 사람으로 일한 경력을 가지고 있다. 불과 2년 남짓한 짧은 유학 생활 동안, 고학을 해야 했던 김동환이 어떤 사상을 체계적으로 깊게 공부했으리라고 기대하는 어렵다.

김동환이 일본 유학에서 돌아온 때는 간토대진재 직후였다. 간토대진재의 참상을 목도한 그로서는 더 이상 유학 생활에 매력을 느낄 수 없었던 것이다. 귀국 후 그는 함경북도 나남시에서 발간되던 〈북선 일일신문〉 조선문판 기자로 사회에 첫발을 내딛는다. 그는 이때 〈동아일보〉에 「민족 개조론」을 발표한 이광수를 격렬하게 비판하면서, 개인적으로 그의 장례식을 거행했을 정도로 기개 넘치는 열혈기자였다. 이러한 기개로 그는 계급 사상을 내용으로 하는 시를 발표하곤 한다.

우리 오빠

우리 오빠는 서울로 공부 갔네
첫해에는 편지 한 장
둘째 해엔 때묻은 옷 한 벌
셋째 해엔 부세 한 장 왔네.

우리 오빠는 서울 가서
한해는 공부,
한해는 징역,
그리고는 무덤에 갔다고

김동환, 『3인 시가집』, 1929.

1920년대 초기에 갖게 되던 민요적 감수성을 토대로 식민지 지식인의 고뇌와 결단을 압축적으로 보여주는 수작이다. 서울로 공부하러 간 오빠는 해마다 소식을 전해오다 결국은 징역을 살고 죽는다. 부세(浮世)는 덧없는 세상을 뜻한다.

1연과 2연이 정확히 맞는다. 첫해는 공부한다고 편지가 오고, 둘째 해는 옷 한 벌로 징역 살고, 셋째 해는 죽었다는 부세 소식이 온다. 분명 이러한 경향의식은 카프와의 관련 속에서 촉발된 것이다.

가령 『승천하는 천국』의 주인공 청년과 처녀는 딱히 사회주의자라고 하기는 어렵지만, 일반적으로 아나키스트를 포함해서 현실의 변혁을 꿈꾸는 급진적 개혁주의자들을 뜻하는 '주의자'로 설정되어 있다. 이 서사시의 여주인공은, 청년과 헤어져 고향으로 돌아간 뒤 "초 한대면 로마를 불태울 수 있다"는 신념을 갖고 교사 생활을 하며, 주인공 청년 또한 비밀 결사에 가담하여 사회를 개혁하기 위애 애쓰는 것으로 설정되어 있다. 이런 인물 설정은 젊은 시절 한때 급진적인 개혁주의자 면모를 보여주었던 김동환 자신의 실제 경험과 긴밀하게 연관되어 있다고 해도 좋을 것이다. 그의 경향 의식은 그렇게 뿌리깊지 않았다.

그의 계급 사상은 체계화되고 경험되어진 것이 아니었다. 이런 지사적인 기개는 적어도 〈삼천리〉를 창간하는 1920년대 말까지는 지속된 것으로 보인다. 그러나 1930년대 대중적 취향의 잡지 발간을 기획하고 실천해서 출판인으로 성공을 거두었다는 것은 시세의 변화를 민감하게 읽을 줄 아는 김동환의 감수성을 보여준다. 일단 잡지의 세속적인 성공을 위해서 부단히 현실과 타협하지 않으면 안 되었고, 급기야 그는 시국에 협조하는 길을 선택한다. 그는 급진적이었던 20대 초반의 몇 년 간을 제외하고는 나머지 생애의 대부분을 현실에 안주하면서 살았고, 친일의 길에 나서는 오욕의 길로 들어섰다.

이상화와 김용제의 경우

이 소용돌이 속에서 조선인을 비롯하여 중국인·노동자·사회주의자들이 학살되었다. 당시 일본에 살던 조선인들 대부분은 막노동자였고 소수는 유학생들이었다. 노동자들은 헐값에 노동력을 팔았고, 유학생들은 대부분 고학생들이었다. 그런 중에도 소수 사치스런 생활에 빠진 유학생 귀족들도 있었다. 와세다대학에 유학 왔던 시인 리찬은 유학생들의 사치스런 생활을 한탄하다가 고국으로 돌아간다.

간토대지진 조선인 학살을 겪으면서 이상화의 시각은 확실하게 바뀐다. 1924년 봄에 귀국한 이상화는 이듬해인 1925년 1월 〈개벽〉에 「가장 비통한 기욕(祈慾)」·「빈촌의 밤」·「조소」·「어머니의 웃음」 등을 동시에 발표하여 이전과 전혀 다른 세계관을 보여준다. 간토대지진 이후 조선인 학살 소식으로 이상화는 큰 충격을 받았다. 역시 이기영처럼 더이상 일본에 머물지 않고 이상화는 귀국해버린다.

> 하늘은 흘기니
> 울음이 터진다
> 해야 웃지 마라
> 달도 뜨지 마라

이상화, 「통곡」, 1925

이상화가 통곡하는 이유에는 여러 요인이 있겠다. 울음을 촉발시킨 원인에는 간토 대학살 사건도 포함되어 있을 것이다. 비극적인 운명 앞에서 울 수밖에 없는 울음이다. "사람아 미친 내 뒤를 따라만 오너라 나는/ 미친 홍에 겨워 죽음도 뵈줄 때다"(「선구자의 노래」)라는 울분은 비관적인 자탄과 항거하는 반항의 어쩔 수 없는 사이에 있다. 그의 우울은 전에처럼 퇴폐적이고 세기말적인 방황에 이르지 않는다. "나의 신령- 우울을 헤칠 그날이 왔다- 나의 목숨아/ 발악을 해볼 그 때가 왔다"(「오늘의 노래」)처럼 무언가 발악하고 미친 홍에 겨워 다부진 결의를 하는 것이다. 이런 결의는 사회를 개혁하고자 하는 의지와도 연결된다.

비판적 낭만주의라는 서로 어울리지 않을 것 같은 독특한 모습을 낳게 된다. 이렇게 이상화의 시에서 경향성이 강해지게 되는 데에는 간토대지진의 경험을 빼놓을 수 없을 것이다. 그는 1925년에서 1926년 사이에 프롤레타리아적인 경향시를 발표했는데, "오-. 이런 날 이런 때에는/이 땅과 내 마음의 우울을 부술/ 동해에서 폭풍우나 쏟아져라- 빈다"(「폭풍우를 기다리는 마음」)는 표현은 그의 애절함과 혁명적인 기운을 기다리는 그의 혁명적 낭만주의와도 관계가 있을 것이다. 식민지 사회를 엎어버릴 폭풍우를 기다렸던 것이 아닐까.

시대를 뒤엎은 '폭풍우'에 대한 기대는 김용제의

시에 더욱 구체적으로 나타난다.

> 아아
> 많은 여인이여 딸들이여
> 아들과 딸을 죽임당한 어머니들이여
> 남편을 X당한 여인들이여
> 저 처참한 선(鮮)X의 추억을
> 오늘 당신들의 삶과 연결시켜 생각해보세요…
> 증오에 목매어 우는 피를
> 프롤레타리아의 전열의 길에 살려냅시다

김용제, 「진재(震災)의 추억」, 끝연

X자로 표기된 것은 당시 검열에 의해 삭제된 부분이다. 남편을 학살당한 여인들이여, 저 처참한 조선인의 죽음의 추억으로 의미를 생각해볼 수 있겠다. 김용제는 간토대진재를 직접 경험하지 못했다. 그가 고학을 목적으로 도쿄에 도착한 것이 1927년 정월 초하루였다. 그에게는 객관적인 사실의 증언보다는 비극적 사실에 대한 증오가 증폭되어 나타난다. 그 증오는 어떤 구체적인 실천을 향한 선택을 하게 한다. 비극을 극복하기 위한 바른 선택이 "프롤레타리의 전열의 길"로 나서는 것이라고 그는 직설적으로 주장한다.

간토대진재의 비극을 프롤레타리아 운동을 통해 극복하자는 주장은 그의 시 「선혈(鮮血)의 추억—9월 1일을 위하여」(『전기(戰旗)』, 1931.9)에 보다 명확하게 나타난다. 츠루하시(鶴橋) 도로 공사를 하는 중에, 간토대진재 때 조선인 노동자의 것일지 모를 백골(白骨)이 나타나자 시인은 흥분하여 "오오 친애하는 일본의 노동자들이여! 이 백골의 차갑고/서늘함은/살아있는 노동자의 철의 의지와 외줄기/ 같은 적에의 격렬한 증오와 분노를 모아/ 피압박 계급의 반역의 맹세를 아름답게 새겨넣읍시다/ -프롤레타리아에는 국경이 없다!/ 민족의 특색을 파묻어버립시다!"라고 부르짖는다.

시인은 간토대진재의 조선인 학살 사건, 그 집단적 광기 이면에 놓인 국가적 폭력을 직시하고 있는 것을 알 수 있다. 국가적 폭력에 대응하려면 개인적인 항전이 아니라 계급적인 운동에 의해서만이 가능하다고 역설한다.

시뿐만 아니라, 그의 삶 역시 이 시기엔 프롤레타리아 문학의 전사였다. 그는 적어도 1929년부터 조선으로 강제 송환되는 1937년 7월까지 10년 동안은 계급적이고 민족적인 입장에 섰던 문학 전사(文學戰士)였다.

간토대지진 이후 한국 문학사

간토대지진 조선인 학살 사건은 이후 한국 문학사에 어떤 영향을 끼쳤을까.

첫째, 많은 작가들이 이 비극을 기록한 작품을 확인할 수 있다.

이기영의 『두만강』에서 주인공의 피난 장소로 언급되는 히비야[日比谷] 공원은 당시 일본인을 위한 대규모 피난처가 마련되어 있었음을 확인했다. 또한 여러 사례를 통해 이기영의 묘사는 그 자신의 체험과 역사적이고 실증적인 조사를 통해 이루어졌음을 확인할 수 있었다. 아울러 김동환의 서사시 『승천하는 청춘』의 정확한 장소를 확인할 수는 없었지만, 현재 나라시노[習志野]의 자위대가 있던 장소라는 것을 알 수 있었고, 또한 1장에서 나오듯 사람들이 수용소에서 쫓겨날 때 죽음을 각오해야 하며, 또한 실제로 그런 사건이 있었음을 현장 답사를 통해 확인할 수 있었다. 그러나, 다음 연구를 위해 현장 배경사 연구가 더 보충되어야 한다는 아쉬움을 남기기로 한다.

둘째, 이 사건으로 많은 조선인 작가들이 귀국했고, 역설적으로 한국문단은 문예 전성기를 맞이한다. 이 사건 이후 귀국한 중요 작가를 살펴보자.

김동환(金東煥, 1901~1958): 일본 도요(東洋)대학 문화학과에 진학했다가 간토대지진으로 중퇴하고 귀국하였다.

김소월(金素月, 1902~1934): 1923년 오산학교 시절을 지나 일본 동경상과대학 전문부에 입학하였으나, 9월 간토대지진으로 중퇴하고 귀국했다.

김영랑(金永郎, 1903~1950): 1920년 출옥 후 동경 청산학원 영문과에 수학하나, 1923년 간토대지진으로 귀국하여 '청구동인회'를 결성한다.

박용철(朴龍喆, 1904~1938): 1923년 동경 외국어학교 독문과에 입학했으나 간토대지진으로 학업을 중단하고 귀국하여 연회전문에 입학하여 위당(爲堂) 정인보에게 시조를 배운다.

양주동(梁柱東)·이장희(李章熙)·유엽(柳葉): 여름 방학이라 조선에 왔던 이들 와세다대학 유학생들은 간토대지진이 나서 일본으로 돌아가지 못하자, 동인지〈금성(金星)〉(1924)을 발행한다.

이기영(李箕永, 1895~1984): 1922년 도쿄의 세이

소코(正則) 영어학교에 다니다가 간토대지진으로 보따리를 싸들고 귀국했다.

이상화(李相和, 1901~1943): 1922년 〈백조〉 동인이 되어 문단에 데뷔한 그는 프랑스 유학을 목적으로 일본으로 건너가 불어를 공부하였으나, 간토대지진으로 귀국한 후 박영희·김기진 등과 카프 활동을 한다.

채만식(蔡萬植, 1902~1950): 와세다대학 부속 제일 와세다 고등학원 문화에 입학했지만 간토대지진과 가정의 어려움으로 1년 6개월 만에 학업을 단념하고 1923년 동아일보 학예부 기자로 취직한다.

이들은 모두 간토대지진과 조선인 학살 사건 때문에 충격을 받고 일본에서 돌아온 이들이다. 물론 안 돌아온 작가도 있으나 많은 작가들이 돌아왔다. 가령 1920년 도쿄로 건너간 유치진은 간토대지진이 일어났을 때 잔인한 조선인 학살 사건을 보았다. 그때 공포의 체험이 삶과 죽음의 문제를 파고들게 했으며, 그 문제를 풀기 위해 1926년 릿쿄대 영문과를 택했다고 한다(유치진,「나의 수학시대」,『동아일보』, 1937.7.22).

한국 문학은 1919년 3.1운동을 기점으로 일대 전환을 이룬다. 1919년 1월 김동인과 주요한이 중심이 되어 창간된『창조』는 '근대 문예지' 운동의 시발점을 보여주고 있다. 흔히들 1920년대 문학은 이광수의 계몽주의에 반기를 든 김동인류, 혹은 염상섭의 냉철한 리얼리즘을 상상하게 한다. 아울러 소위 신경향파(新傾向派) 문학과 프롤레타리아 문학을 생각하게 만든다. 여기에 대표적인 작가가 임화·이기영·김남천이다. 이러한 1920년대 문학의 배경을 흔히들 첫째, 1919년 3.1운동의 실패, 둘째, 때마침 유행하던 세기말적 풍조로 든다.

여기서 필자가 주목하는 항목은 '1923년 간토대지진의 영향'이라는 점이다. 하지만, 한국문학사 책들은 간토대지진으로 인한 영향을 거의 언급하지 않는다.

이에 비해 호쇼 마사오 등이 쓴 『일본 현대 문학사』(문학과지성사, 1998)는 메이지 혁명의 발발 시점인 1868년을 기점으로 하는 근대와 구별하여, 현대는 간토대지진의 발발 시점인 1923년이나 쇼와 천황 즉위 시점인 1926년 이후로 하고 있다. 그렇다고 간토대지진을 한국 현대 문학의 출발점으로 볼 필요까지는 없을 것이다. 그렇지만 간토대지진의 영향이 전혀 없었다고 하는 것도 문제가 있다. 역설적으로 위에 언급한 유학생들이 대거 조선으로 돌아왔기에 기존에 있었던 〈창조〉, 〈폐허〉, 〈백조〉 등의 문예 동인지의 필진이나 편집진이 보다 풍부해진 것이다. 또한 이들 중에 현실을 개혁하기 위해 프롤레타리아 문학에 참여한 작가들이 적지 않았다. 이른바 1923년 그 사건으로 한국으로 돌아온 이들로 인해 '신문학 운동의 개화기'가 꽃피웠던 것이 아닐까.

셋째, 이 작가들이 귀국해서 신경향파와 프롤레타리아 문학에 참여했다는 점이 중요하다. 필자가 확인해본 이기영·김동환·이상화·김용제는 간토대지진을 기점으로 그 이후 프롤레타리아 문학 운동에 참여한다. 진재가 일어난 뒤 어떤 구체적인 실천의 장을 모색한 것은 일본의 1920년대 문학사도 마찬가지다. 쇼와 문학사는 간토대지진 뒤『문예 전선』과 요코미쓰 리이치[橫光利一]·가와바타 야스나리[川端康成] 등이 예술에 의한 개혁을 목표로 1924년『문예시대』를 창간한 뒤부터 시작한다. 프롤레타리아 문학과 신감각파는 기성 문단에 대한 반항이라는 점에서는 방법을 같이하면서도, 일본의 1920년대 문학사는 프롤레타리아 문학, 신감각파, 기성 문단이 정립(鼎立)되었던 것이다. 이후 프롤레타리아 문학이 한때 전성기를 맞았으나 계속된 탄압으로 전향 현상이 일어났고 신감각파가 기성 문단에 흡수되었던 것은, 한국의 1920년대 문학사와 어느 정도 닮았다.

일본 문학사와 비교컨대, 이기영은 대하 장편소설 『두만강』에서 단지 지진의 비극성을 묘사한 것이 아니라, 지진을 계기로 해서 등장인물들이 어떻게 혁명적 인간으로 근대 민족 운동에 뛰어드는가에 관심을 기울이고 있다. 실제로 이상화와 리찬은 지진 사건을 계기로 계급주의 문학을 선택하는 확실한 입장 변화를 보인다. 후에 명확한 입장을 못 보이고 친일 문학에 참여하는 시인 김동환도 간토 조선인 학살 사건이 끝난 뒤, 카프에 참여한다. 김용제는 가장 극명하게 프롤레타리아 운동에 참여하는 모습을 보여주고 있다.

이외에도 간토대진재를 다룬 작품은 적지 않다. 가령, 박태원의 중편 「반 년 간」(〈동아일보〉, 1933. 6. 15~8. 20)도 분석해야 하는데, 이 글에서 다루지 못했다. 좀 더 다양한 작품들을 심도 싶게 분석해볼 때, 간토대진재와 1920년대 한국 문학사와의 관계는 명확하게 드러나리라 본다. 다만 적어도 이 글에서 다룬 자료를 본다면, 간토대지진이 한국 프롤레타리아 문학에 어떤 기폭제가 되었음은 부인할 수 없다.

학살과 전쟁을 넘어선 사랑,
미우라 아야코 『총구』

쇼와 시대(1926~1989)와 인간의 운명

『총구』는, 〈책의 창(窓)〉이라는 잡지에 1990년 1월부터 1993년 8월까지 3년 간 37회에 걸쳐 연재되고, 1994년 3월에 쇼각칸[小學館]에서 출판된, 미우라 아야코[三浦綾子,1922~1999]의 마지막 소설이다.

쇼와[昭和]는 1926년 12월 25일에서 1989년 1월 7일까지, 히로히토[裕仁] 천황이 재위한 기간의 연호(年號)다. 『총구』는 이 기간에 일어난 문제, 특히 천황이란 무엇인지 묻는다.

작품은 다이쇼[大正] 시대의 요시히토(嘉仁) 천황이 사망하고 그의 장례식인 대상(大喪)을 치루는 1927년 2월 7일에 시작하여, 쇼와 시대의 히로히토 천황의 대상인 1989년 2월 24일까지다.

제목인 『총구』에 대해, 작가는 다음과 같이 술회하고 있다.

쇼와라고 하면 전쟁이지요? 그리고 물론 전쟁터

에서 불을 뿜는 총구도 있겠지만, 그것만은 아니지요. 선생님에게도 나에게도 총구가 여러 방향에서 조준이 되고 있어요. 옆에서, 앞에서, 그리고 뒤에서 말이에요. 눈에 보이는 형태도 있고, 보이지 않는 형태도 있어요. 적과 아군을 알 수 없는 기분 나쁜 일이지요.

냉엄한 사상 통제하의 전쟁 중에 일어난 '글짓기 교육 사건'이라는 것이, 바로 그런 것이지요. 열심히 살아온 사람들이, 아무런 이유도 없이 당한 것이니까요. 류타(龍太)가 숙직하던 밤에 학교에서 끌려가지요? 그건 실화예요. (중략) 쇼와는 끝났지만, 그 총구는 지속적으로 국민들을 향하고 있어요.

「대담: 미우라 아이코·구로코 가즈오(黑古一夫)·마스기 아키라(眞杉章)」, 『책의 창』, 1993. 9·10 합병호

주인공인 기타모리 류타(北森龍太)가 초등학교 3학년 글짓기 수업에서 의문을 품는 장면에서 시작하여, 만 71세가 되어 제자들의 초대를 받고 부부가 방문한 도쿄에서, 쇼와 천황의 대상(大喪) 의례와 마주치는 장면에서 끝나고 있다. 그야말로 쇼와의 시작에서 끝까지가 작품의 배경이다.

미우라 아야코.

간토 대진재와 총구

소설 『총구』에는 조선 사람이 한 명 등장한다. 류타가 중학교 2학년 때, 북해도 농장에 강제로 끌려온 조선의 한 청년이 너무 춥고 배고프고 힘들어서 탈출한 후 류타네 전당포 직원 집의 헛간에 숨어 든다. 그 조선 사람의 이야기를 다루면서, 간토대지진 이후 조선인 학살에 대한 부분이 살짝 언급된다. 강제 노동 공사장에서 탈출한 조선인 김준명을 보고 전당포 직원 료키치는 말한다.

"그래도 이놈은 조선 사람인걸요."

163

료키치는 간토대지진 때의 사건을 잊지 않고 있었다. 조선 사람이 대지진 때 우물에 독을 넣었다든지, 일본인을 습격했다는 이야기를 지금까지 믿고 있었다.

"바보 같은 소리 하지 마라! 조선 사람도 같은 인간이야."

날카롭게 말한 아버지 세이다로오의 말에 남자의 얼굴에 안도의 빛이 떠올랐다. 남자는 던져진 작업복을 재빨리 입었다. 모두 밖에 나왔다. 자전거를 탈 수 있다고 해서 남자가 류타의 자전거를 타고, 짐을 싣는 자리에 류타가 걸터 앉았다. 세이다로오가 앞에 서고 세게 페달을 밟았다.

"주인님, 류타 군! 모쪼록 조심하세요!"

료키치가 불안한 얼굴로 보낸다. 캄캄한 숲속 양쪽을 보면서 두 대의 자전거가 달린다. 회중전등 불빛이 앞쪽, 좌우를 밝게 비춘다. 류타는 낯모르는 남자의 허리를 꼭 붙잡고 있었으나 가슴은 두근거렸다. 이 남자는 어젯밤 도망친 다코다. 발견되면 매맞아 죽을지도 모른다.

남자의 체온이 류타의 손에 따뜻하게 느껴졌다. 갑자기 류타는 어떤 일이 있어도 이 남자를 무사히 도망치게 하고 싶었다. 아직 22~23세를 넘지 않아 보이는 젊은이다. 역시 부모도 형제도 있겠지. 세이

미우라 아야코, 『총구』. 상권 표지에는 어릴 적 류타가 그려져 있고, 하권 표지에는 교사가 되어 감옥에 끌려가는 청년 류타가 그려져 있다.

다로오가 말한 "같은 인간이다"라는 말이 새삼스럽게 류타의 가슴에 와닿았다.

이 남자가 후에 류타를 위기에서 구할 줄은 물론 아무도 몰랐다.

미우라 아야코, 『총구』, 상, 126~127면

그 조선인 학살에 대한 부분에서 우물에 독약을 풀었다는 이야기와 일본인을 습격했다는 이야기를 믿고 있는 사람들의 모습이 그대로 그려진다.

"도망친 다코"라는 문장에서, 다코[タコ, 蛸]는 홋

카이도에 끌려간 조선인 노동자를 뜻한다. '다코방'(문어방)이라는 별명의 합숙소에서 빡빡머리로 일하며 지내는 조선인 노동자를 일컫는 차별어다. 미우라 아야코는 이 부분에 대해서 조선 사람들도 같은 인간이라며 이것이 결국은 헛된 소문임을 이야기하고 있다. 전당포의 주인인 류타 아버지가 김준명을 몰래 데려다가 20여 일을 숨겨준 후 은밀하게 귀국시킨다.

이후 김준명은 만주에서 항일민병대 대장으로서, 일본군으로 만주에 온 기타모리 류타와 재회한다. 기타모리가(家)로부터 입은 은혜와 의리를 잊지 않고, 목숨을 걸고 기타모리 류타와 야마다 상사 두 사람을 보호하여, 무사히 일본으로 귀환하게 한다.

아직도 남은 고난

사랑의 승리를 이루어낸 인물들에게 작가는 종교를 묻지 않는다. 불교의 불자든, 무신론자든, 크리스천이든 이 작품에 등장하는 선인(善人)들은 타인을 위해 자신이 희생되는 것을 마다하지 않는다. 누가복음 10장에서 강도 만난 사람을 구한 사마리아인의 종교를 예수가 묻지 않는 것과 마찬가지다. 그것 자체가 기독교 정신이다.

미우라 아야코의 마지막 소설『총구』에서는 동아시아 평화에 대한 그녀의 마지막 기도가 담겨져 있다. 이 소설로 인해 우익 세력으로부터 위협까지 받았다고 한다.

한국에서 강연 초청을 받았을 때 공교롭게 건강 때문에 실현되지 못했지만, 미우라 아야코는 당당히 말했다.

"내가 조선 · 한국에 가면, 도저히 가슴을 펴고 걷지 못할 거에요. 길 위에 이마가 닿게 납작 엎드려 기어가지 않으면 안 된다고 생각해요. 알죠?

三浦光世 · 黃慈惠『「銃口」が架けた日韓の橋』, 新日本出版社, 16면

『총구』는 이하라사이카크(井原西鶴)상을 수상한다. 심사위원 6명 가운데서 4명이 미우라 아야코의 『총구』를 당선작으로 선정했다. "오랜 일본 소설의 역사 가운데서 한 사람의 인격을 이처럼 존중한 예는 일찍이 없었다"는 것이 심사위원들의 한결같은 평가였다. 병약한 그녀가 사는 자택까지 상패와 상금을 가지고 온 심사위원장에게 그녀는 "나의 작품이 비로소 일본인들에게 인정받은 사실에 나는 매우 기쁘고 만족한다."고 말했다. 이 작품은 1994년에 출판되었고 1997년에 한국어로 번역되었다.

미우라 아야코는 사랑의 역사(役使)는 첫째 기독교인이 아니더라도, 종교인 무종교인에게 상관없이 선한 사랑은 이어진다는 것을 보여주고 싶었을 것이다. 둘째, 국경을 넘어 한국과 일본이 원수가 아니라, 가족으로 만날 수 있다는 가능성을 보여주고 싶었을 것이다.

『총구』는 기독교라는 종교를 강조하지 않는다. 주인공 기타모리 류타가 크리스천이 되고 난 후의 신앙 생활이 전혀 그려져 있지 않다. 기타모리 류타에게 영향을 준 인물은 대부분 크리스천이 아니다. 『시오카리 고개』(번역본 제목은 '설령')을 비롯하여 『사랑의 귀재(鬼才)』, 『바위에 서다』, 『저녁이 있고 ,아침이 있고』, 『새끼 나귀 선생 이야기』, 『우리는 연약하지만─야지마 카지코(矢嶋楫子)전』, 『센노리큐(千利休)와 그의 아내들』, 『호소카와(細川) 가라샤 부인』, 『해령(海嶺)』, 『어머니』 등, 실존하는 신앙인을 모델로 한 작품을 써온 미우라 문학의 전례를 보면, 이례적인 일이라 할 수 있을 것이다.

이 소설의 핵심은 분노와 복수가 아니라, 사랑과 평화에 있다. 일본인 류타, 야마다 상사와 조선인 김준명, 그의 지인들이 서로를 걱정해주며 잘 되기를 빌어주는 장면은 돋아 보인다. 류타와 야마다 상사는 일본의 전쟁 명분에 계속해서 되묻는다.

왜 인간은 사람을 죽이는 일을 배운단 말인가?

미우라 아야코, 『총구』, (295면)

전쟁에는 승자도 패자도 없다. 전쟁은 적과 아군 할 것 없이 모두에게 깊은 상처를 준다. 침략군이었던 일본군은 전세가 역전당하자 패잔병이 되어 숨어야 하는 신세가 되었다. 일본인에게 고통을 당했던 조선인은 일본의 항복 선언 후 일본인에게 분노를 쏟는 또 다른 가해자가 되었다. 상처와 아픔은 꼬리에 꼬리를 물고 되풀이되었다. 이것을 끊어내는 일이 필요하다.

서로에게 분노하는 전쟁의 현장에서 평화를 이루는 이들이 있었다. 류타의 아버지 다이세로오는 김준명을 숨겨주어 그를 조선으로 보내주었다. 김준명은 '민족이 다르다는 것만으로 왜 이렇게 무시당해야만 되는가'라고 절규할 때, '인간에게는 다름이 없다. 인간은 모두 같은 인간'이라는 류타 아버지의 말에 힘을 얻는다. 미우라 아야코가 내심 강조하는 구절은 이 구절이 아닐까.

평화를 이루는 사람은 복이 있다. 하나님이 그들을 자기의 자녀라고 부르실 것이다.

성경전서 『새번역』, 대한성서공회, 마태복음 5:9

169

간디가 가장 좋아하는 구절이라고 했던 산상수훈의 한 구절이다. 다이세로오, 김준명으로 살아갈 때 세상은 평화를 되찾을 것이다. 사랑과 평화를 이루는 사람들을 미우라 아야코는 기록으로 남겼다.

마지막 문장에서 미우라 아야코는 "갑자기 강한 바람이 불어왔다"며 경고한다. 『총구』는 '폭설'로 시작하여, '강한 바람'으로 끝난다. 일본과 세계에는 아직도 폭력의 힘이 살아있는 것이다.

드라마 '파친코'의 간토 조선인 학살

"역사는 우리를 망쳐놨지만, 그래도 상관없다."
(History has failed us, but no matter.)

　　재미한국인 이민진 장편소설 『파친코』의 첫 문장
은 거대한 역사, 인물들의 파란만장한 역경(逆境)을
대변한다. 식민지 시대에 어렵게 살다가 일본으로
또 미국으로 건너가 고된 삶을 살아내는 4세대에 걸
친 거의 100년을 요약하는 문장이다. 이 문장을 두
가지로 나눌 수 있을까. 가령 훈이, 양진, 이삭, 노아,
요셉의 삶을 역사가 "망쳐놨"고, 고한수, 모자수, 솔
로몬, 선자는 "그래도 상관없"는 삶을 살았다고 나
눌 수 있을까. 아니다. 소설을 끝까지 읽고 또 드라
마를 보아도, 디아스포라로 살아가는 후손들도 그
망친 삶을 현재에서 반복해 살아간다. 식민지의 차
별이 이국에서의 차별로 이어진다. "그래도 상관없
다"는 의미는 과거나 지금이나 마찬가지다. 이 소설
은 폭력에 의해 망쳐진 인물들이 상관없이 꿋꿋하
게 견디며 살아가는 이야기다.

소설 『파친코』는 1989년 어느 달 초하룻날 평소와 같이 선자는 남편 백이삭이 묻혀 있는 오사카의 공동 묘지를 방문하는 것으로 끝이 난다. 4부로 만들 예정이라는 드라마 '파친코'는 이제 1부가 끝났기에 소설의 마지막 장면은 아예 나오지 않는다. 조금 당혹스럽게도 1부만 보아도 소설에 안 나오는 사실들이 많이 들어있다. 원작 소설이 드라마로 재창작되는 과정에서 드라마에는 원작 소설에 나오지 않는 장면이 들어갔다.

그중에서 드라마 7화를 주목해보자. 드라마 감독은 원작에 나오지 않는 간토대진재 조선인 학살 사건을 7화 21분 40초부터 20여 분간 재현한다.

7화는 그야말로 고한수(이민호 역) 특집이다. 배경은 1923년 요코하마다. 소설에서 고한수 아버지는 술만 마시고 아이를 돌보지 않는 망나니지만, 드라마에서 아버지(정웅인 역)는 실수를 많이 해도 아들 고한수를 아낀다. 제주도 출신이어서 아버지와 아들은 제주도 사투리로 대화하는데 알아 듣기 쉽지 않다.

미국 아이 앤드류의 과외 선생을 하는 한수가 어떻게 그렇게 영어와 수학을 잘하는지 그 과정은 전혀 나오지 않는다. 예일대에 진학하려는 앤드류와 함께 한수도 미국에 유학 가기로 한다. 그 상황에 아

이민진, 장편소설 『파친코』.

버지가 보스에게 빚을 진 사실을 한수가 알게 된다. 그 빚은 아버지가 만나던 여인에게 준 돈인데 돌려받지 못한 것이다. 돈으로 인해 위기가 닥친 상황에서 땅이 흔들린다.

1923년 9월 1일 오전 11시 58분, 간토대지진이 일어난다. 일본 간토·시즈오카(靜岡)·야마나시(山梨) 지방에서 일어난 대지진. 12만 가구의 집이 무너지고 45만 가구가 불탔으며, 사망자와 행방불명이 총 40만 명에 달했다. 이어서 조선인 대학살 사건이 일어난다.

야쿠자 밑에서 일하는 청년 고한수는 일본 야쿠자 보스의 외동딸인 미에코와의 결혼과 관련해서 일본으로 이주한 것으로 추정된다. 고한수의 아들 노아는 회계를 잘해서 일본인 농장주의 눈에 들고,

173

수재로 공부를 잘해 와세다대학교 영문과에 들어간다. 자신이 태어난 출생의 비밀을 알게 된 후 꿈을 포기하고 시골에 들어가 조용히 은행인으로 살지만 자살하고 만다.

드라마의 각본을 집필한 수 휴는 "책을 읽기 전에 역사적 사건을 대략적으로 알고 있었다. 자이니치에 대해선 잘 몰라서 연구, 조사를 더 해야겠다고 생각했다. 간토대지진은 고한수에 대한 인물에 대해 탐구하다 넣게 됐다. 한수의 성장 배경에 대해 생각하다가 간토대지진을 접하게 됐다. 이 사건이 한수가 접했을 법한 사건이라고 봤다"고 설명했다.

드라마 '파친코'는 두 명의 한국계 미국 감독 코고나다(kogonada)와 저스틴 전(Justin Chon)이 만들었다. 코고나다 감독의 영화 두 편을 주목해야 한다.

두 명의 '파친코' 드라마 감독은 원작과 달리 역사성을 강조하고, 소설에 없는 간토대진재 조선인 학살을 삽입한다. 작가 이민진은 의도적으로 교술적인 페든트리(Pedantry)를 억제하고 삭제하려고 했다고 한다. 페든트리는 어떤 사상이나 주의나 규칙에 세세하게 얽매이는 방식을 말한다. 물론 소설에서도 제국주의의 속성을 벗어버리지 못하는 일본의 문제를 솔로몬이 지적하는 문장이 나온다.

드라마 '파친코'.

"일본은 절대 변하지 않아. 외국인을 절대 받아
들이지 않을 거야. 내 사랑, 넌 언제나 외국인으로
살아야 할 거라고. 절대 일본인이 되지 못해. 알겠
어. 자이니치[在日]는 여행을 떠날 수 없는 거 알지?
하지만 너만 그런 게 아냐. 일본은 우리 엄마 같은
사람들도 다시 받아주지 않아. 나 같은 사람들을 절
대 받아들이지 않아."

이민진, 『파친코』, 2권, 521면

이 인용문이 가장 강하게 일본의 허위를 지적하
는 문장일 것 같다. 이런 몇 가지 문장 외에 소설에
서 인물들이 역사적 판단을 하는 내용은 잘 나오지
않는다. 소설가는 역사적 평가보다도 인물의 삶에
철저히 주목한다.

드라마 감독들은 의도적으로 '역사적 페든트리'를 넣으려 했다. 결국 소설과 달리 두 감독은 드라마 '파친코'를 통해 일본의 허위를 강력하게 지적한다. 드라마 '파친코'는 일본에서 힘든 생활을 하며 살아가는 재일한국인의 생존과 정체성을 개인보다는 역사적 측면에서 더욱 강조한다.

두 감독은 자이니치의 역사성을 강조하기 위해 조선인 학살 문제를 재현했다(7화). 이 사건 이후에 솔로몬이 해직되고, 가족이 죽는 장면을 넣어, 두 감독은 조선인 학살이 지금도 차별과 정리 해고라는 방식으로 한국인 디아스포라를 어렵게 한다는 사실을 보여준다.

아울러 일본에서 살아온 자이니치 한국인들을 대거 인터뷰(8화)하여, 자이니치의 고단한 삶을 직접 세계의 시청자에게 전하는 방식을 취한다. 원작을 살리면서도, 두 감독이 강조하고 싶은 역사성을 드라마에 재현시켰다는 점에서 남다른 의미가 있다고 본다.

4.

진실

후세 다쓰지를 기억하는 일곱 가지 장면

영화 〈박열〉 촬영 당시 이준익 감독에게서 전화를 받았다. 일본인 역할을 해줄 일본인 배우가 부족하다는 내용이었다. '박열'(1902~1974)이 주인공인 영화라면 당연히 반일 정서가 가득하고, 일본 정부의 각료들이 회의하는 장면 등 일본인이 많이 출연해야 하는데, 일본인 배우로서 출연을 결정하기란 쉽지 않을 것이다. 내가 아는 일본인들은 연기자가 아니라, 대부분 연구하시는 분들이어서 소개해드리지 못했다.

영화 〈박열〉에 나오는 일본인 역할 중 가장 중요한 사람은, 일본 정부에게는 지금도 껄끄러운 변호사 후세 다쓰지(布施辰治, 1880~1953)다. 이분을 정말 오랫동안 마음에 두고 생각해왔다.

1982년 천안 독립기념관이 생기고 몇 년 뒤에 찾아갔는데 거기에 일본인 한 명이 전시돼 있었다. 법관 옷을 입은 인물이었다.

이 일본인이 왜 독립기념관에 있는지 이십대 후반의 나는 신기했다. 이 사람은 어떤 사람일까. 조금씩 그에게 다가가면서 놀라웠다. 이 사람이 진짜 일

후세 다쓰지.

본인일까. 경이롭기까지 했다.

　한국의 법조계에 있는 사람들을 거의 신뢰하지
못하는 요즈음, 후세 다쓰지의 삶은 검사나 변호사
를 새롭게 인식하게 한다. 나는 그의 삶을 일곱 가지
장면으로 기억한다.

　첫째, 그를 깨우친 것은 동학 농민 혁명이었다.

　1894년 동학 농민 혁명 때 조선인을, 청일전쟁에
서 중국놈들 목을 베었다고 자랑하는 일본군 출신
마을 주민의 무용담을 듣고 재밌어하는 사람들을
보고, 14세의 후세 다쓰지는 도저히 견딜 수 없었다.
그때부터 폭력과 제국주의에 깊은 반감을 느낀다.
이에 〈묵자〉의 겸애 사상, 톨스토이의 평화 사상, 우치무라 간조의 무교회주의 등을 공부하고 정교회 신학교에 들어갔다가 메이지법률학교를 졸업하고, 1902년 23세에 검사로 부임한다. 이때 억울한 죄인들을 연이어 불기소하면서 마찰이 생기자, 검사 일을 때려치우고 변호사 일을 시작한다.

둘째, 그는 끊임없이 글을 써서 성찰했다.

1910년 일본이 조선 병합을 선언했을 때, 31세의 후세 다쓰지는 조선의 의병 운동을 소개한 논문 「조선의 독립운동에 경의를 표함」(1911)을 쓴다. 이 글에서 병합이 아니라 '침략'이라고 규정한다고 썼다는데, 이 글 원문은 지금 볼 수 없다. 이 글 때문에 그는 검사국에 끌려가 "첫 번째 필화 사건의 취조를 받았다"고 기록에 남겼다.

1920년 40세의 후세 다쓰지는 개인 잡지 〈법정에서 사회로(法廷より社會へ)〉를 정기 출판했다. 책 제목 그대로 "나의 활동을 이제 법정에 한정하지 않고 사회로 확장하겠다"는 의지를 드러낸 잡지다. 이 잡지 1920년 6월호에 「자기 혁명의 고백(自己革命の告白)」을 발표한다.

인간은 누구든 자신이 어떠한 삶을 살아나가는 것이 좋은가에 대해 진정한 자신의 소리를 들어야 한

"한 사람의 일본인으로서 전 조선 형제에 사죄." 〈시대일보〉(1926. 3.
6), 사진 제공 국립중앙도서관.

다. 이것은 양심의 소리다. 나는 그 소리에 따라 엄숙
히 '자기 혁명'을 선언한다. (중략) 이제부터는 '사
회운동에 헌신하는 변호사'로서 살아갈 것을, 민중
의 한 사람으로서 민중의 권위를 위해서 선언한다.

후세 다쓰지, 「자기 혁명의 고백」, 1920. 6

이 글에서 40세의 후세 변호사는 "탄압받고 힘없
는 사람들 편에 평생 서겠다", "일본뿐만 아니라 식
민지 조선을 위해 살겠다"고 밝힌다.

셋째, 자신이 쓴 글대로, 약자와 조선의 독립투사
들을 변호한다.

1917년에 일어난 러시아 혁명을 본 37세의 후세 다쓰지는 착취 구조에서 인간이 해방되어야 하고, 조선 민중들과 연대해야 한다고 생각한다. 그의 생각은 일본 정부의 눈으로 볼 때 이미 '불순한 반역'이었고 수사 대상이었다.

의혈단 활동을 하다가 스무 해 가까이 감옥에서 지냈던 독립투사 김시현(1883~1966)을 변호한 사람은 그와 메이지대학 동문인 후세 다쓰지 변호사였다. 김시현은 영화에서도 등장했다. 영화 〈밀정〉에서 공유가 맡았고, 영화 〈아나키스트〉에서는 김인권이 그 역을 맡았다.

넷째, 그는 '2.8독립선언' 주모자들을 변호했다.

1919년 3.1운동이 일어나기 한 달 전에 도쿄에서 유학생들이 행한 〈2.8독립선언〉이 도쿄 조선YMCA에서 낭송되었고, 그 선언식에 참여한 유학생 600여 명이 조사를 받았으며, 실행위원 11인 등 27인의 유학생이 체포되었다. 1심에서 11인이 유죄 선고를 받는데, 이때 후세 다쓰지가 2심 항소심에 나타나 조선 독립운동은 당연한 것이라 주장하며 무죄를 강력하게 주장했다. 후세 다쓰지는 '집회법' 정도의 위반이지 어찌 '내란죄'라는 중형을 내리냐고 변론한다. 그 결과 '출판법 위반'으로 학생들은 징역 9

후세 다쓰지는 〈동아일보〉 후원으로 1923년 처음 한국에 왔다. 당시 천도교회 강연회장에서 조선 독립에 관한 강연을 하는 모습. 주변에 일본 순사들이 서있다. 사진 제공 오이시 스스무.

개월 이하로 감형되었다.

1922년 6월경부터 의로운 변호사 '후세 다쓰지'라는 이름은 조선에 널리 퍼졌다. 1923년 7월 31일 〈동아일보〉와 북성회(北星會)가 초청하여 처음 조선을 찾은 그는 전국 순회 강연회를 열었다. 그가 어디를 가든지 조선인들은 환대했고, 순사들은 그를 감시했다. 한 달 동안 조선의 농촌에서 10여 차례 강연회를 열고, 일본으로 돌아온 그를 맞이한 것은 1923년 9월 1일 대지진이었다.

다섯째, 1923년 간토대진재 조선인 학살 진상을 조사한다.

9월 1일 대지진이 일어나고 다음날 9월 2일에 계엄령이 선포된다. 계엄령은 군인이 나온다는 이야기다. 조선인이 위험하다는 공포를 퍼뜨려, 조선인 6,000여 명이 무참히 살해당한다. 후세 다쓰지는 위험에 처한 조선인을 자기 집에 숨겨주기도 한다. 수수방관하는 일본 당국에 대항하며 그는 경찰소나 헌병대, 나아가 학살 현장을 직접 조사하며 폭도로부터 조선인을 지키려 했다. 오스기 사카에 등 이 문제를 지적하는 지식인들도 많이 살해당했다. 후세 다쓰지와 '자유법조단'은 죽음을 각오하고 조사했다. 계엄령 상황에서 반란죄로 살해당할 수도 있는 정말 위험한 행동이었다.

후세 다쓰지는 "도대체 조선인은 몇 명이 살해당했는가?", "왜 조선인이 살해당해야 했는가?" "조선인을 죽인 것은 군인인가, 경찰인가, 자경단인가" 등 일본 당국에 공개적으로 질의서를 보낸다. 목숨을 건 행동이었다. 후세 다쓰지와 '자유법조단'은 학살이 어떻게 진행됐는지, 어떤 방법으로 학살했는지, 시신을 어떻게 처리했는지, 조목조목 조사하여 기록한다. 당국의 방해가 있었으나 자유법조단은 학살당한 조선인이 6,000 명이라고 쓰인 보고서 『관동대진재 백색 테러의 진상』을 출판한다.

생각하면 생각할수록 무서운 인생의 비극입니다. 너무도 가혹한 비극이었습니다. 어떤 말로 추모하더라도 조선 동포 6,000명의 유령은 만족하지 않을 것입니다.

<大東公論>, 1924. 11

1923년 12월 조사 후 결과 보고를 정리하면서 후세 다쓰지가 쓴 문장이다.

이 기록은 단순한 반성을 넘어 다시는 이런 일이 일어나지 않도록 하기 위한 기록이었다. 이후에도 도저히 견딜 수 없었던 그는 조선의 〈동아일보〉와 〈조선일보〉에 보낼 사과문을 써보낸다.

일본인으로서 전 조선 형제에게 사죄합니다.

〈시대일보〉 1926. 3. 6

그가 사죄한 내용이 이렇게 보도되었다.

정치가 요시노 사쿠조[吉野作造, 1880~1953]도 간토대지진과 조선인 학살에 대해 "세계 무대에 얼굴을 들 수 없는 대치욕(大恥辱)이 아닌가"(吉野作造,「朝鮮人虐殺事件について」,〈中央公論〉, 1923. 11)라며 일본 정부를 격렬하게 비판하며 독자적으로 조선인 학살을 조사했다. 요시노 사쿠조는 저서 『압박과 학살』에서 조선인 2,534명이 학살당했다고 보고했다.

간토대지진 때 조선인들이 학살당하자, 의열단은

일제의 요인들을 암살하기로 한다. 1924년 1월 일본 제국의회(帝國議會)가 열릴 때 의열단 단장 김원봉 등이 도쿄에 잠입한다. 일본 황국 앞에 있는 니쥬바시(二重橋)로 다가가 의열단원 김지섭은 천황궁을 향해 폭탄을 던진다. 이 사건 이후 김지섭을 변호한 인물도 후세 다쓰지였다.

1925년 조선이 풍수해를 입자, 후세 다쓰지는 '조선 기근 및 수해 구제 위원회'를 조직하여 "조선의 무산(無産) 형제의 고통과 기근을 돕자"며 모금 운동을 했다. 1880년 미야기현 에비타촌(蛇田村)에서 농민의 아들로 태어난 후세 다쓰지에게 농민은 국적과 상관 없이 가족이었다.

여섯째, 1926년 박열과 가네코 후미코를 변호한다.

1923년 간토대지진이 일어나자 일본 정부는 공공의 안전을 해롭게 할 수 있는 위험 인물을 잠시 가두는 '보호검속'을 단행한다. 극도로 혼란한 사회적 혼란을 수습하는 방법으로 일본 정부는 외부에 문제가 있는 것처럼 조작하려 했다. 사람들의 관심을 외부인에 대한 두려움으로 바꾸어, 정부에 복종하도록 하려 했다.

지진이 일어나고 이틀 뒤, 1923년 9월 3일에 아나키스트 흑우회 소속으로 독립운동을 주장하던 박열

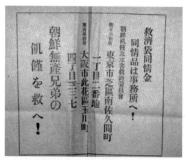

救濟袋同情金
朝鮮飢饉及水害救濟委員會
東京市芝區南佐久間町
一丁目二番地
大阪市此花區玉川町
四丁目三三七
朝鮮無産兄弟の
飢饉を救へ！

同情品は事務所へ！

조선 풍수해 당시 기금 마련을 위해 후세 다쓰지가 만든 전단. 사진
제공 오이시 스스무.

과 가네코 후미코는 '보호검속'이라는 명목으로 체
포된다. 조사 과정에서 박열의 폭탄 구입 과정이 드
러나고, 두 연인은 천황을 암살하려 했다는 '대역
사건'으로 기소된다. 후세 다쓰지는 두 사람의 무죄
를 주장한다.

"본 사건은 인류사의 큰 불행인 다이쇼 12년
(1923) 9월 1일의 간토대지진의 혼란을 수습하려고
자행한 조선인 학살 사건을 정당화하기 위해서 조
작되었다고 의심할 수밖에 없습니다."

'위험인물' 박열과 가네코 후미코처럼, 조선인은
위험하니 대지진 때 위험한 조선인을 죽일 수밖에
없었다는 논리를 퍼뜨리려고, 일본 정부가 두 사람

187

을 구속했다고 후세 다쓰지는 강하게 변론했다.

박열과 가네코 후미코의 옥중 결혼식을 성사시키고, 안타깝게도 의문사한 후미코의 유해를 박열의 고향인 경북 문경으로 운구한 이도 후세 다쓰지였다. 후세 다쓰지가 쓴 『운명의 승리자 박열(運命の 勝利者 朴烈)』(世紀書房, 1946)을 보면 그가 23년간 옥중 투쟁에서 견딘 박열을 얼마나 존중하고 응원했는지 읽을 수 있다. 본문 첫 문단이다.

박열 군의 생환은 운명의 기적이다.

박열 군의 생환은 운명의 승리다.

박열 군이 듣기에도 끔찍한 대역 사건이라는 죄명으로 포박된 것은, 독선적인 일본의 수도, 교만한 일본 천황의 발 아래에 있는 도쿄가 하늘의 일격으로 꾸짖음을 들은 1923년 9월 1일의 대화재 직후, 주의자선인(主義者鮮人)의 집단 봉기라는 유언비어가 난무하던 3일 오후였다.

후세 다쓰지, 『운명의 승리자 박열』, 첫 문단

후세 다쓰지에게 박열은 간토대진재 조선인 학살에 얽힌 억울한 피해자였다. 후세 다쓰지의 글을 읽으면 억울한 사람을 구한다는 시혜 의식 따위는 전혀 읽을 수 없다. 오히려 그의 글에는 독립투사를 존경하는 마음과 일본을 호되게 야단치는 분노가 뜨겁다. 그의 짧은 문장에는 불붙은 휘발성의 역동성이 있다.

1926년 3월 후세 다쓰지는 두 번째로 조선을 방문한다. 전남 나주군 궁삼면에서는 동양척식회사의 수탈이 진행되고 있었다. 땅을 빼앗기지 않으려는 할머니가 폭행당해 죽기까지 했다. 후세 다쓰지는 나주로 찾아가 토지회수운동을 주장하는 농민의 입장을 변호한다.

조선에 올 때마다 그는 총독부를 비판하고 조선인들이 깨어 있어야 한다는 강연회를 계속 열었다. 그의 강연회에는 늘 일본 순사 서너 명이 단상 바로 앞에 서 있고, 총독부 고등계 형사들이 감시했다. 그가 강연회에서 한 발언은 곧바로 〈동아일보〉와 〈조선일보〉에 수차례 기사로 나왔다.

조선에서 거둔 곡식은 일본으로 들어가, 그 대금도 일본인만 부유하게 했을 뿐입니다. 조선인은 그 이익을 꿈조차 꿀 수 없습니다.

그는 토지 수탈 현장을 조목조목 조사하여, "동양척식회사는 합법적 사기 사건을 일으켰다"고 항의한다. 일본의 개척은 조선인에게 행복이 아니라며 동양척식회사를 비판한 후세 다쓰지는 이른바 식민지 근대화론을 정면으로 반박한 것이다.

　일곱째, 1921년 인권을 위해 일하는 '자유법조단
(自由法曹團)'을 구성한다.

　1921년 자유법조단의 변호사들은 각지의 농민
운동을 지원한다. 자유법조단은 특히 조선인을 변
론할 때 좌우 구분 없이, 억울한 이를 찾아 변론했
다. 1925년 치안유지법 위반 용의자로 몰렸던 박헌
영 등 조선인 공산주의자를 위해 경성에 장기 체류
하면서 변호한 후루야 사다오(1889~1976)도 자유법
조단이었다. 그는 우익의 테러를 받아 얼굴에 칼자
국이 생기기도 했다. 후에 북한을 방문하여 김일성
을 만났을 때, 박헌영을 변호했다고 하여 김일성이
아연했다는 사람이 바로 후루야 사다오다.

　1932년 일본 공산당을 탄압하는 3.15사건을 변호
하던 52세의 후세 다쓰지는 법정 모독을 했다는 이
유로 변호사 자격을 박탈당한다. 사회주의자의 인
권을 변호한 그는 공산주의자라기보다는 '급진적
민주주의자'라고 해야 할 것이다.

　1939년에 그는 치안유지법을 위반했다는 이유로
2년간 복역한다. 미국 스파이로까지 몰려 감시받는
후세 다쓰지의 아내는 하숙집을 운영했다. 그 하숙
집에는 조선인 유학생이 많이 거주했다. 교토대학

조선인의 결혼식을 축하하는 후세 다쓰지 부부.(오른쪽 두 사람)

학생이던 셋째 아들 모리오도 부조리한 사회에 저
항하여 반전 운동을 하다가 종전 직전 교토 형무소
에서 옥사한다. 아들의 죽음으로 인한 슬픔 속에서
도 후세 다쓰지와 그의 아내는 하숙했던 조선인 유
학생이나 감옥에서 나온 독립투사들이 결혼하거나
경사가 있으면 찾아가 축하했다.

　1945년 전쟁이 끝나고 변호사 자격을 복구한 후
세 다쓰지는 '자유법조단'을 다시 세워 약자들 곁으
로 간다. 그는 조선인의 전후 보상 문제를 요구한 최
초의 일본인이었다. 먹고 살 길이 없어 밀주 막걸리
를 만들다가 구속된 재일조선인을 변호하며, 후세 다
쓰지는 이들이 일본에서 살아가도록 구조를 만들지
못한 일본 정부를 비난했다. 그는 재일선인한신교육
투쟁(한신교육사건), 도쿄조선고등학교 사건을 맡아
변호하고, 1946년에는 대한민국 건국을 위한 〈조선

건국 헌법 초안)을 작성하기도 했다. 1953년 한국 전쟁이 정전되고, 몇 달 뒤 그는 눈을 감았다. 그는 이 세상에 없지만 그의 뜻은 더 넓게 퍼지고 있다.

'자유법조단' 홈페이지에 들어가면, 현재 전국에 41개 지부에 2,100여 명의 변호사들이 활동하는 상황을 볼 수 있다. 이들은 놀랍게도 인권을 옹호하는 그의 실천에 동의하며 일본 평화헌법 9조를 개정하려는 극우 정치와 교과서 왜곡에 반대하여 후세 다쓰지의 뜻을 펼치고 있다.

후세 다쓰지를 기억하며 제작된 다큐멘터리 영화 〈후세 다쓰지〉(감독 히루 이케다)가 상영되었다. 유튜브에서는 「KBS 역사스페셜—조선의 독립운동에 경의를 표함—일본인 변호사 후세 다쓰지」(2012.3.1. 방송)를 볼 수 있고, 영화 〈박열〉에서도 후세 다쓰지가 나온다.

그를 기리는 기념비는 그의 고향인 미야기현 이시노마키 시의 아케보도 미나미 공원에 있다. 그에 대한 전시관은 메이지대 법대 유품 전시실에 있으며, 천안 독립기념관에도 있다.

2023년 7월 4일, 나는 이케부구로(池袋)의 상재사(常在寺)에 있는 그의 묘비에 찾아갔다.

살아서 민중과 함께, 죽음도 민중을 위해서.

후세 다쓰지 묘비 곁에 선 필자.

그의 좌우명이 새겨져 있는 묘비와 기념비를 바라보며 나는 한참 말을 못했다. 오래 바라보다가 묘지석을 부둥켜 않고 귓속말하듯 혼잣말을 했다.

"고맙습니다. 고마워요. 선생님."

그는 일본인이기 이전에 인간이었다. 나치로부터 유대인을 구한 쉰들러에 비견되는 그는 진정한 인간 해방을 희구한 인물이다. 소록도에서 나환자들을 돌본 하나이 젠키치, 한국어를 배워야 한다고 대중에게 알리고, 윤동주를 일본 교과서에 실리게 한 이바라기 노리코도 기억해야 할 분이다. 아울러 미우라 아야코, 오무라 마스오 등 이외에도 극우 일본 정치에 맞서는 이름 모를 수많은 일본의 의인들을 기억해야 할 것이다. 아픔에 함께하는 그들은 국적과 관계없이 우리 가족이다.

비국민(非國民), 오에 겐자부로

다정한 동네 아저씨 같은 거인

그때 오에 겐자부로(大江健三郎, 1935~2023)는 거기 서 있었다.

2000년대 초반, 작가들과 일반인 등 300명 정도 모인 큰 자리였다. 오에 선생과 사진을 찍으려고 긴 줄이 늘어서 나는 그저 곁에 서있기만 했다. 선생은 꼬마든 할머니든 구별하지 않고, 함께 사진을 찍어 주셨다. 아이의 머리를 쓰다듬어 주시기도 하고 친절하게 사진을 찍으셨다. 사진 찍고 싶어하는 사람들이 큰 강당의 한 벽으로 길게 늘어선 상황이었지만 그는 시종 잔잔하게 웃으며 함께 사진을 찍었다. 마련된 뷔페 식사도 못 들고 그렇게 그 자리에서 한 시간은 충분히 넘었을까, 위대한 지식인이라는 껍데기를 버린 그냥 동네 할아버지 같은 수수한 어른을 보느라 먹먹한 나도 식사를 못했다.

또 한 번은 신주쿠에서였다. 언제였는지 잘 기억 나지 않지만 아베 정권 때다. 평화 헌법을 지키기 위

오에 겐자부로.

한 시민 데모 모임이었다. 구부정하게 서 있는 작은 키의 선생을 보았다. 선생은 단상에 오르지 않고, 묵묵히 시위대 곁에 계셨다. 가끔 고개를 끄덕이셨다. 사람들이 알아보고 사진 찍으려 하면, 이 자리에서는 사진보다는 가끔 구호를 함께 외치셨다. 그냥 시위대의 일원이셨다. 2015년 3월 14일 오에 선생님은 아베의 우경화를 비판하고, 메시지가 명확하지 않은 소설은 절필하고, 반전 평화 시위에 참여하며 호소문이나 성명서를 쓰셨다.

2006년 5월 한양대에서 강연하셨을 때 토마토 일화도 유명하다. 야스쿠니 신사에 참배 가는 고이즈미 총리 등 일본 정치인들을 비판하면서, 재미있는 말을 하셨다.

섬세한 딸아이가 민감한 시기에 한국을 방문하

195

는 것을 걱정하면서 안 좋은 인상을 가진 일본인에게 썩은 토마토를 던질지도 모른다고 했어요. 썩은 토마토는 나에게 던지지 말고 고이즈미 총리가 올 때까지 참으세요.

강당에 앉아 있던 청중들이 한참 웃었고, 오에 선생 옆에 앉아 있던 소설가 황석영 선생은 "오에 선생님에게 꽃을 던져야 합니다."라고 답했다고 한다.

한국 민주화를 위해 어떻게 단식까지 하셨을까, 식민지에 대한 부채 의식이었을까. 1970년대 한국 군부 독재에 저항하는 민주 세력을 위해 서명 운동을 했다. 그는 1980년 전두환 군부 쿠데타도 반대했다. 간토대진재 조선인 학살, 난징 학살 등 일본의 폭력을 언급하기 시작하는 무라카미 하루키를 대중 작가에서 국민 작가로 호칭하시기도 했다. 일본군 위안부 문제에 대해서도 확실한 입장을 보이셨다.

일본이 어느 정도 사죄한다 해도 충분하지 않은 큰 범죄를 한국에 범했습니다. 게다가 아직 한국인에게 일본은 충분히 사죄하지 않고 있습니다.

2015. 3

일본군 위안부에 대한 오에 선생의 태도는 일본

의 폭력적인 남성주의를 겨냥한다.

여성 경시는 '폭력적 남성 같은 천황 절대주의'
가 근대 이후에도 여전했기 때문입니다. 국가를 위
해 여성을 희생시켜도 좋다는 생각이 종군 위안부를
낳았어요. 일본 여성뿐 아니라 식민지 여성도 동원
했지요. … 일본 국가가 사죄하고 배상해야 합니다.
그것을 부정하는 것은 일본이 여전히 여성을 무시하
기 때문입니다. 아베 총리가 사죄할지 의문이지만,
일본 국민의 사죄 의식은 강합니다. 일본이 여성 폭
력을 정당화했던 후진성을 인정해야 합니다.

2015. 7

필자는 오에 문학에 대해 논문 「폭력의 기억, 오
키나와 문학 오에 겐자부로, 하이타니 켄지로, 메도
루마 슌의 경우」(2008)를 발표한 적이 있다. 그 글에
서 오키나와 문제에 대해 오에 선생이 어떻게 썼는
지, 그 부분만 수정하여 옮긴다.

1994년 노벨문학상을 수상한 오에 겐자부로의
『오키나와 노트』(岩波書店, 1970)는 오키나와 전투
당시 "주민들이 일본군의 명령으로 집단 자결했다"
고 썼다.

당시 일본군 지휘관들이 소송을 걸어, 2007년 11

월 현재 재판에 계류 중이다. 24일자 〈산케이(産經) 신문〉은 오키나와 전투 당시 자마미(座間味)섬 수비대장을 지낸 우메자와 유다카(梅澤裕, 88세) 등이 오사카 지방 법원에 오에 겐자부로와 책을 출판한 이와나미출판사 등을 상대로 소송을 제기했다고 보도했다.

『오키나와 노트』는 오키나와인에 대한 본토인의 차별과 미군 기지나 집단 자결에 대해서, 오키나와가 일본에 반환되는 1972년으로부터 불과 2년 전에 발간된 에세이집이다. 이 책의 프롤로그는 1969년 1월 9일에 죽은 평화운동가 후루겐 소켄(古堅宗憲)씨의 삶을 기념하고 추모하는 글이다.

프롤로그 이후 9개의 에세이로 구성되어 있는데, 제1장은 '일본이 오키나와에 속한다'는 역설적인 제목을 달고 있다. 이 글에서 오에는 류큐소년원에 다녀왔을 때 선입관으로 잘못 기록했던 자신의 태도를 반성하면서, 오키나와를 보는 일본인의 태도가 얼마나 그릇되어 있는가를 고해한다.

첫째, 오에는 이 책에서 일본인이 아닌 '비국민(非國民) 일본인'의 시각에서 오키나와를 바라보고 있다. 오키나와는 본래 류큐왕국이라는 나라였다. 1609년 류큐왕국은 사쓰만 번의 침략으로 일본의 속국이 되지만, 왕을 유지하고 있었다. 류큐왕국은

1994년 노벨문학상을 수상한 오에 겐자부로의 『오키나와 노트』.

1872년, 1879년 두 번에 걸쳐 일본의 행정구역으로 처분받는데, 그것을 '류큐 처분'이라고 한다.

류큐 처분 이후 오키나와의 근현대사에 한정한다 해도, 오키나와와 거기에 사는 사람에 대해 본토 일본인의 관찰과 비평이 쌓이고 쌓인 것에는, 정말 대량의 의식적이건 무의식적이건 아주 뻔뻔한 왜곡과 착오가 있다.

오에 겐자부로, 김응교 번역, 『오키나와 노트』, 17면

오에는 일본이 류큐를 두 차례 행정구역으로 처

분한 '류큐 처분'부터 일본인이 오키나와 역사를 왜곡하고 있다고 지적한다. 나아가 오에는 자신이 '일본인 아닌 일본인'이 될 수 있는지 즉 '비국민(非國民)'의 가능성에 대해 스스로 묻는다.

> 미리 정해놓았던 여행의 스케줄을 끝내고나서, 나는 마냥 '천진난만한 여행자'로 있을 수만은 없었다. 혼자 나하(那霸)에 남아, 다음의 말로 시작하는 문장을 썼다. 지금 오키나와의 상관관계에서 나를 사로잡고 있는 '일본인이란 무엇인가? 일본인이 아닌 일본인으로 나의 위치를 바꾸는 것은 불가능한 것인가? 라는 물음이 이때 싹트고 있었다.
>
> 오에 겐자부로, 김응교 번역, 『오키나와 노트』, 18면

위 구절은 오키나와에 대한 일본인으로서의 반성을 깊게 드러낸 표현이다. "일본인이 아닌 일본인으로 나의 위치를 바꾸는 것은 불가능한가"라는 말은 이 책에서 18면, 33면 등 수차례 반복되어 가장 마지막 면인 228면에도 나온다. 그만치 이 질문은 그가 벗어나기 힘든 굴레였다. 이 말은 '일본인이 아닌 일본인' 곧 비국민(非國民)으로 일본을 비판할 수밖에 없다는 고백이기도 하다.

둘째, 오에는 미국과 일본이 오키나와를 핵무기

의 캠프로 사용하고 있다고 비판한다. 마이너리티를 차별하고 인간의 존엄성을 무시하는 국가 폭력을 오에는 끊임없이 비판한다. 미군에 대한 비판은 그의 소설에서 자주 나온다. 단편집 『보기 전에 뛰어라』에 실려있는 단편 「인간의 양」, 「어두운 강, 무거운 노」, 「불의의 벙어리」, 「결전의 오늘」에는 강자인 미국과 약자인 일본 민중을 대비시킨다. 『오키나와 노트』에서는 핵을 둘러싼 폭력의 주체로 미국과 일본 국가를 동시에 비판한다. 가해자로서 미국와 일본, 반면 피해자로서 오키나와인을 분리해서 생각하는 오에에게 오키나와 사람들은 '일본 국민'이 아니다. 그는 오키나와인이 일본과 다른 '이민족(異民族)'임을 여러 번 강조한다.

셋째, 집단 자결 강요, 오키나와 부녀자 강간, 조선인 학살을 일본의 수치(羞恥)라고 오에는 지적한다. 집단 자결을 강요했던 군인이 태연히 오키나와에 위령제를 하러 가는 기사를 보고 오에는 분노한다.

1945년 3월 24일 미군은 오키나와 바다에서 함포 사격을 시작했고, 4월 1일 상륙 작전을 했다. 당시 일본군은 오키나와에 7만 명 정도 주둔해있었기 때문에 공군·육군·해군이 합세하여 공격하는 18만 명의 미군을 도저히 대응할 수 없었다. 일본군은 미군을 끌어들여 섬에서 지구전을 하기로 했다. 그리

고 부족한 병력을 보충하기 위해 3월 6일 방위대원을 소집하기로 했다. 오키나와 민간인 중에 17세부터 45세까지의 남자를 징병하기로 했던 것이다. 그러나 나이 제한은 무의미했다. 미군에게 포로가 된 방위대원 중에는 70세의 노인과 14살 소년도 있었다. 이른바 몽땅 뿌리째 동원한다는 '네코소기 동원'(根こそぎ動員)을 했던 것이다. 총을 쏴보기는커녕 만져본 적도 없는 이들에게 일본군은 '키리코미'(切り込み)라는 기습 작전을 시켰다. 이 작전은 몸빼 입은 민간인들이 폭탄을 들고 탱크 밑으로 들어가기 같은 것이었다.

한 달 만인 5월 말 일본군 사령부가 있던 슈리(首里)가 점령당하고, 일본군은 하늘에서 떨어지는 폭격과, 바다에서 쏘아대는 함포 사격을 피해, 가마(ガマ)라 불리는 동굴에 숨을 수밖에 없었다. 숨을 곳이 없던 민간인들도 동굴로 들어갔다.

"동굴 안에서 일본군은 아기가 울면, 그 울음소리 때문에 미군에게 들키니까 찔러 죽이겠다고 했어요. 또한 미군에게 항복하면, 여자는 강간당하고 남자는 탱크에 깔려 죽는다고 일본군에게 들었지요."

당시 20살이었던 나카소네 히테(中宗根ヒデ, 2004년 당시 86세) 할머니는 증언한다.

"사이판에서 남자를 줄지어 세워놓고 탱크로 밀

어 죽였다고 일본군이 발표했습니다. 미군이 여자
는 모두 강간한다는 말을 듣고 스무살이었던 누나
도 죽겠다고 했더랬죠."

이젠 여든이 훌쩍 넘은 나카무라 다케지오 씨는
증언했다. 거짓 위협 속에서 오키나와 사람들은 자
결을 택할 수 밖에 없었다. 당시 오키나와인은 40만
명이었는데 그중 4분의 1인 10만 명이 이렇게 죽어
갔다.

오에가 '집단 자결'이라고 표현했지만, 사실 모
두 집단 자결이라고 할 수는 없다. 가령 동네 사람들
이 서로가 서로를 죽여야 했던 치비치리 동굴에서
는 85명의 유골이 발굴되었는데, 이들 중 12세 이하
는 47명이었다. 그중에는 3개월 된 아기도 있었다.
아기가 스스로 자결하여 목숨을 끊을 수는 없었던
것이다.

오키나와 전투로 미군 1만 2,513명이 숨지고, 3만
8,916명이 부상했다. 일본군 전사자는 6만 6,000명,
부상자는 1만 7,000명에 이르렀다. 민간인 희생자는
12만 명을 넘었다. 동굴 속에서 수십 명씩 한꺼번에
자살한 이른바 '집단 자살' 희생자도 1,000명 가까
웠다.

넷째, 일본군이 오키나와 여자를 강간하는 경우
(209면)도 기록하면서, 오에는 집단 자결을 강요하

고, 강간을 행하고서도 태연히 정당화하는 사람들의 심리를 차갑게 지적한다. 집단 자결을 강요했던 책임자의 심리 상태를 오에는 예리하게 분석한다. 이러한 정당화의 심리는 비단 그 책임자에게만 있는 것이 아니라, 국가폭력의 도구로 이용되는 하수인들에게 모두 나타나는 합리화 심리일 것이다. 오에는 이런 이들은 사실 "이스라엘 법정에 선 아이히만처럼, 오키나와 법정에서 재판받아야 한다"(213면)고 지적한다.

다섯째, 오에는 과거의 폭력이 현재 구조화되고 축적되는 과정을 지적한다. 현재도 과거의 폭력이 일본에 내재해있고, 반복되고 있다며, 대표적인 예로 재일조선인 차별을 든다.

이전 전쟁에서 여러 사건과 부친의 행동에 책임도 없이, 신세대(新世代)들이 그것을 뒤따르려고 하고 있는 것이다. 현재 젊은 세대의 윤리적 상상력의 세계에서, 재일조선인(在日朝鮮人)을 둘러싸고 어떤 사태가 일어나고 있는가를 보라. 극히 소수의 어리석은 고교생이, 뭔지도 모르는 사명감, '혹은 앙양감(昂揚感, 어떤 의욕-옮긴이)'에 충동되어 그 유치한 수치심조차 없이, 조선 고교생을 때리는 실상을 보라. 이전 전쟁에서 여러 사건과 부친의 행동과

완전히 같은 행동을, 신세대 일본인이, 정말 죄책감
도 없이, 있는 그대로 반복해버린다고 할 법할 모습
을 보는 이때, 그들에게서 '가짜 죄책감'을 없앨 절
차만을 행하고, 거꾸로 그들의 윤리적 상상력에서
진정한 죄책감의 씨앗이 발화하도록 촉진하는 노력
을 하지 않는 것, 그것이 대규모 국가 범죄로 향하
는 실수의 구조를, 새로이 하나씩 쌓아가는 것이 아
니겠는가.

오에 겐자부로, 김응교 번역, 『오키나와 노트』, 214~215면

　과거 오키나와인을 차별하고, 현재 재일조선인을
차별했던 일본인은 같은 일본인이다. 그들의 윤리
적 구조에는 세뇌된 국가 의식이 있다. 일본국 안에
들어오지 못한 오키나와인과 재일조선인은 차별의
대상이 된 것이다. 실제 오키나와에서 전투가 벌어
졌을 때 많은 조선인이 미국의 스파이라는 명목으
로 학살당했다. 오키나와 평화박물관 앞 희생자 비
석에는 다니카와 노보루(谷川昇) 부부와 아이 5명이
희생되었다고 쓰여 있다. 다니카와는 일본 여성과
결혼했던 구중회 씨였다. 오키나와 전투 때 조선인
이란 이유 때문에, 미군의 스파이가 될 가능성이 많
다며 부인과 5명의 아이가 모두 일본군에게 학살당
했다.

이외에도 조선인 학살에 대한 기록은 너무도 많다. 오에는 그러한 행동이 지금도 반복되고 있다고 지적한다. 그러한 행동의 반복은 '대규모 국가 범죄로 향하는 실수의 구조'라고 지적한다.

이렇게 '일본인이 아닌 일본인', '비국민'의 입장에 서려고 애쓰는 작가가 기록한 이 책은, 오키나와라 하면 관광 안내와 전쟁 영웅들에 대한 이야기밖에 모르는 일본인에게 경종을 울리는 호소문이며 참회록이다.

노벨문학상을 받은 오에 겐자부로에게 일본 정부는 천황이 주는 문화 훈장을 수여하기로 했다. 그러나 오에는 곧바로 "나는 전후민주주의자(戰後民主主義者)이며 그러한 나에게 문화 훈장은 어울리지 않는다. 문화 훈장은 국가와 관련된 상이기 때문이다."라며 상을 거부했다. 일본의 봉건적이고 군국주의적인 정치 체제를 비판했던 전후민주주의자 오에는 만세일계의 천황을 중심으로 하는 '일본식 민주주의'에 반대할 수밖에 없었다.

전후민주주의자 오에 겐자부로의 『오키나와 노트』에 대해 우익은 비난을 퍼부었다. 우익에서는 오에의 전후민주주의와 『오키나와 노트』에 나타난 태도를 서구 추종 혹은 사르트르의 모방이라 했고, 오에를 한물간 과거의 인물이라 했으며, 오키나와 전투에 참여했던 영혼을 모독했다고 비난했다. 이러한 우익의 비판은 이른바 '야스쿠니 신사'를 지탱하고 있는 자유주의 사관이 뒷받침하고 있다.

오에 문학은 장애인, 이방인, 차별받는 이에 대한 인간적 애정에서 시작한다. 초기 오에 문학의 중요한 테마는 뇌 장애를 지닌 장남 히카리의 삶이었다. 소설 『개인적인 체험』(1964)은 작가 자신의 체험, 즉 기형아 아들의 출생이 그려져 있다. 이 책은 기형아와 평범한 인간이 어떻게 살아가야 할 것인가를 모색한 작품이었다. "내게 이 저능아가 태어난 것은 이 세계에 대한, 내게 두 번째 계기가 되었다고 생각합니다. 이렇게 말하면 이상하겠지만 나는 오히려 그런 아이를 필요로 하고 있었다고조차 느껴집니다"라고 말했다.

장애인 아들을 향한 개인적이고 가족사적인 사랑은 시대 의식으로 넓어진다. 그 가능성이 구체적으로 표현된 책이 『히로시마 노트』(1965)였다. 이 책에서 오에는 본격적으로 피해자와 차별받는 마이너리티의 대변인이 되기 시작한다. 이 책에 이은 『오키나와 노트』에서도 일본인 고교생에게 폭행당하는 조선인을 묘사하고 있지만, 사실 오에 문학에서 조선인은 자주 등장한다. 가령 「침묵의 외침」「짓밟히는 싹들」「손수 나의 눈물을 닦아주시는 날」「동시대 게임」『만엔 원년의 풋볼』 등에서도 조선인은 차별받는 마이너리티로 등장한다.

2008년 3월 28일, 『오키나와 노트』 판매 금지에 대한 소송에서 오에 겐자부로가 승리했다는 뉴스가 보도되었다.

「폭력의 기억, 오키나와 문학─오에 겐자부로, 하이타니 켄지로, 메도루마 슌의 경우」, 『외국문학』 2008

불교의 상불경(常不輕),
오무라 마스오 교수와 세키 고젠 스님

저 먼 겁 중에 한 보살비구가 있었는데 이름을 상불경(常不輕)이라 했다. 상불경은 어떤 사람이든 만나는 사람마다 그를 예배하고 찬탄하였다. 그리고 말하기를 "나는 그대들을 깊이 공경하나니 그대들은 모두가 마땅히 성불할 사람이다"라고 했다. 상불경은 힘써 경을 외는 것도 아니고 이와 같이 오직 예배만 했다. 사람들이 모인 곳을 보면 쫓아가서 예배하고 찬탄하여 마지 않았다. 그중에 사람들이 화를 내어 나쁜 말로 꾸짖고 욕하여도 예배하는 것을 쉬지 않았다. 사람들이 나뭇가지나 돌로 때리면 피하여 멀리 달아나서라도 높은 소리로 외치기를 "그대들은 모두가 성불할 사람이다"라며 예배하는 것을 쉬지 않았다.

『법화경』, 20장, 「상불경보살품」

'상불경(常不輕)'이란, 항상 변하지 않고 가볍지 않다는 뜻이다. 『법화경』은 상불경보살품(常不輕菩薩品) 곧 대상을 늘(常) 가볍게(輕) 여기지 않는(不)

보살(菩薩)의 태도를 가져야 한다고 가르친다. 『법화경』 상불경의 핵심은 "나는 그대들을 가볍게 여기지 않습니다. 그대들은 모두 다 부처가 될 수 있습니다."라는 구절에 있다. 상불경은 사람뿐만 아니라, 새·풀·하늘·돌멩이 등 모든 자연을 대할 때도 적용된다. 템플스테이 프로그램 중에 참가자가 마주 보고 삼배(三拜)하는 수행도 상대를 가볍지 않게 대하려는 상불경의 수련이다. 차별 없이 공경하고 모든 사람에게서 성불할 거룩한 불성을 보는 '눈부처'(원효)의 수행이겠다.

본래 일본인은 '상불경'의 태도를 삶의 윤리로 중요시한다. 남과 적당한 거리를 두고, 늘 남에게 피해가 가지 않도록 배려한다. 배려할 줄 아는 일본인들이 어떻게 끔찍한 조선인 학살을 저질렀을까. 일본인 특유의 '나와바리'(繩張), 곧 세력권인 '우리'라는 공동체 안에서는 철저히 '상불경'을 실천한다. 아쉽게도 그 나와바리 밖에 있는 타자는 '상불경'이 아닌 '적'으로 대하는 섬나라 특유의 원형 문화가 있다는 지적이 많다. 조선인 학살은 나와바리를 벗어난 타자를 괴물화하는 일본 특유의 문화가 드러난 경우라 해야 할까. 잘못된 집단 의식을 뛰어넘어 '상불경'을 행한 두 분의 일본인을 기억하고자 한다.

윤동주 문학을 알려준 오무라 마스오

그는 좀처럼 화를 내지 않으셨지만, 나를 딱 한 번 차갑게 대하신 일이 있었다. 당시 천황이 참여한 음악회가 있었다. 일본국립극장에서 열린 '한일 우호 전통 음악회'라는 행사였다. 일본에 있는 한국인 교수들이 초대되었는데 그때 천황을 아주 가까이에서 볼 수 있었다. 놀라운 것은 2,000명에 가까운 사람들이 천황이 나가고 들어올 때 모두 기립하여 기다리는 것이다. 그 시간이 얼마나 해괴했는지 거의 20여 분으로 느껴졌다.

인터미션 때 천황이 화장실 가는지 어디 가는지 또 일어났다. 모두 기립해서 천황이 나가기까지 서 있는데 음산한 침묵의 공간이 무덤 곁처럼 으스스했다. 나도 계속 서 있어야 할까. 그때 곁에 앉아있던 와세다대학 영문과 일본인 교수는 혼잣말로 씨부렁거렸다. 일어서지 않고 일본어로 이런 말을 중얼거리는 듯했다. '저 늙은이 왜 여기 와서 이 많은 사람들 바보로 만드노.'

문제는 다음날이었다. 신기한 체험을 한 듯 그곳에 갔다왔다고 말했더니 그는 딱 한마디 하셨다. 한 문장의 의문형이었다.

"김 선생님도 그런 자리에 갑니까."

들릴듯 말듯 한 그 말, 얼마나 싸늘했는지. 그후로 한 달간 선생님 곁에 가는 것이 너무도 어려웠다.

1992년 부여 신동엽 문학 기행 때 고려대 교환교수로 오신 오무라 마스오(大村益夫, 1933~2023) 교수님은 그날 저녁 중국어로 뱃노래를 부르셨다. 이분이 1974년 이호철, 장을병, 김우종, 임헌영 등이 억울하게 잡혀간 '문인 간첩단 조작 사건' 때 구명운동을 했고, 1985년 5월 중국 룽징시 변두리 언덕에 자리한 윤동주 묘를 찾아내고, 임종국의 친일 문학 연구를 일본에도 알린 분이라는 사실을 한참 후에 알았다.

'평양에서도 윤동주에 관한 평이 나왔어요."

1999년 겨울, 해맑은 얼굴로 느릿느릿 말하며 복사한 종이 한 장을 주셨던 모습을 잊을 수 없다. 소복히 쌓인 흰 눈보다 더 밝게 미소지으며 살짝 벌린 입으로 소리 없이 기뻐하셨다. 당시 윤동주를 우습게 보던 무지한 나는 기뻐하는 선생을 이해하지 못했다.

통일을 이루려면 북한 문학도 미리 연구해야 한다며, 신뢰하는 학자들에게 북한 문학 자료 등을 건네셨다. 특히 윤동주 자료는 일본인인 자기 이름으

오무라 마스오, 사진 소명출판.

로 나가면 안 된다며, 준비가 된 이들에게 슬쩍 자료를 건네셨다. 간간이 한국 신문에 모 교수가 발굴한 자료라고 나온 기사를 보면, 오무라 교수님께서 전한 자료였다.

"시인 윤동주와 소설가 김학철은 노벨문학상 이상의 의미가 있습니다."

어느날 지나가듯 말하셨다. 자주 윤동주 자료를 주셨고, 연전 마지막으로 댁에 방문했을 때도 새 자료를 주셨다. 심원섭 교수 등과 내신 『사진판 윤동주 자필 시고 전집』(1999), 가장 친한 문우 김윤식 · 임헌영 선생의 추천사를 실은 『윤동주와 한국문학』(2001)을 내시며 윤동주 연구의 뿌리를 심으셨다.

오무라 교수님이 불러주셔서 와세다대학에 임용
됐던 1998년, 와세다대학에는 유학생 간첩단 사건으
로 고생하신 김원중 선생, 총련 조선대학의 김학렬
교수, NHK 아나운서 김유홍 선생 등이 한국어를 가
르치셨다. 학교에 가면 통일된 나라를 보는 듯했다.
선생님은 학자 이전에 인간을 보셨다. 학계에 업적
이 높아도 덜된 인간이라면 반기지 않으셨다.

한국에서 학자가 오면 반드시 와세다대학 도서
관과 관심 있을 만한 지역을 안내해주셨다. 며칠간
니가타, 교토 등 먼 지역으로 가는 여행에 과분하게
동행하는 호사를 누릴 수 있었다. 선생께서 차비나
숙박비를 모두 내서서, 돌아오자마자 경비를 보내면
많이 섭섭해하셨다.

"한국에서 내리사랑이라고 하나요? 김 선생님이
내게 갚으면 내리사랑이 아니죠. 내게 갚지 말고,
한국에 일본인 학생이 가거든 그 경비 써주시면 좋
겠습니다. 그게 내리사랑이지요."

이때부터일까. 이분이 일본인으로 보이지 않았
다. 동양의 군자 혹은 거대한 아시아인으로 보였다.
다만 마냥 너그러운 분은 아니었다. 선생께서 내신
책 중에 『시로 배우는 조선의 마음』이라는 일본어

214

1985년 5월 중국 룽징에서 윤동주 묘지를 찾아가 절하고 있는 오무라 교수. 사진 오무라 마스오.

책이 있다. 한국 현대 시인의 시를 대역한 책이다. 나는 이 책 교정 볼 때 참여해서 우리말과 일본어를 대조했다. 그런데 목차에 서정주가 없었다.

"선생님, 서정주는 넣어야 하지 않을까요?"

라며 친일이나 친독재 문제는 각주로 넣으면 어떻겠냐고 말씀드렸다. 나의 말에 선생님은 낮고 단호하게 말하셨다.

"서정주는 빼려 합니다."

"그래도 한국어를 가장 잘 다룬 시인인데요."

내가 다시 말하자, 말이 느린 그는 한국어로 더 천천히 말했다.

"일, 본, 인에게 … 서, 정, 주를 소개하고 싶지…
않, 습,니, 다."

1999년이던가. 한국에서 한 노학자가 찾아왔다.
선생님 방으로 모시고 갔는데 첫장면부터 싸늘했다.

"시간이 없어서 그만 실례합니다."

두 문장도 아닌 한 문장이었다.

한국에서 오신 노학자를 왜 그렇게 싸늘하게 대
하셨냐고, 후에 물으니 그는 두 문장으로 답하셨다.

"표절해서 논문 쓴 사람입니다. 저런 사람과 만
나는 것은 시간 낭비입니다."

내 가슴에 얼음이 박히는 기분이었다. 이런 모습
은 아주 드물어 잊을 수 없다.

한국의 부패한 정권이 주는 상이나, 떨떠름한 문
학상은 모두 거부하셨다.

윤동주 묘지를 찾아내고, 친필을 찾아내서 민음
사에서 책을 내셨던 선생님께 윤동주 문학상을 수
여하려는 일이 있었다. 선생은 윤동주 문학상을 거
부하셨다. 그때 그 이유를 말씀 안 하셨지만, 십여
년이 지나자, 그리고 내가 어느 정도 윤동주를 연구
하자 말씀해주셨다. 윤동주를 가장 사랑했던 자신
이 왜 윤동주 문학상을 받지 않으셨는지 두 문장으
로 말씀하셨다.

"그런 상 받고 싶지 않았습니다. 상을 만든 사람

들에게서 윤동주와 다른 마음을 느꼈어요."

조금이라도 사특한 배경이 있는 상은 이미 상이 아니라는 생각이다. 임화나 백석이나 윤동주는 평생 문학상을 받은 적이 없다. 이들은 문학상 받지 않았지만 영원한 사랑을 받고 있다. 윤동주를 가장 사랑했던 오무라 마스오 교수님은 윤동주 문학상을 받지 않으셨다. 임화나 백석이나 윤동주나 오무라 마스오 교수는 문학상을 받지 않았지만 그 이상의 업적을 남겼다.

모든 상을 거부하셨던 그가 2018년 한국번역문학상만은 받으셨다. 묻지 않아도 나는 직감한다. 상을 준 주체가 독재 세력이 아니고, 그가 나와 함께 번역했던 도종환 시인 이름이 상장에 써있기 때문이기도 하지만, 번역 일이야말로 그가 중요하게 생각했던 필생의 숙제였기 때문이다.

"선생님 김학철 일본어판 소설 내셔야죠?"

내가 한국문학 기획 일을 하던 후지와라서점 대표와 만나 소설가 김학철 소설집을 내자고 대화 나눴던 10여 년 전이 생각났다. 후지와라서점에서 나는 고은 시선집을 내고, 김명인 평론집 등을 소개해서 냈다. 아니나 다를까. 그는 추측했던 그대로 말씀하셨다.

"한국번역문학상으로 받은 천만 원으로 '김학

철' 내려고 합니다."

도종환 시인의 『접시꽃 당신』을 그와 공역하다가 자고 간 적도 있다. 내 나이와 같은 그분의 막내 아들 방에서 잤었다. 몇 번 그런 날이 있었는데 그것도 20여 년 전이다.

떠나려는 나에게 그는 봉투에 잔뜩 뭔가 넣어주셨다. 한국에 없는 윤동주 희귀 자료였다. 그는 기회 있을 때마다 시도때도 없이 내게 자료를 주셨다. 밤이 깊어 그의 집을 나서는데 눈물이 자꾸 나오려 했다.

세키 고젠 스님, '상불경'을 실천한 불자

1998년 박사학위를 받은 뒤, 나는 논문을 쓰는 것이 어떤 의미가 있는지 깊은 회의에 잠겨 공부보다 우에노 등지에서 홈리스나 불법체류자와 함께하는 활동 등에 참여했다. 불법체류자와 함께 살며 논문보다 더 직접 현실에 도움이 되는 삶을 살고 싶었다. 연구하지 않고 헤매는 서생을 이해하셨는지, 어느날 오무라 선생은 간토대진재 조선인 학살이 있었던 장소에 가보자고 하셨다.

며칠 후 봉고차를 타고 제일 먼저 지바현 야치요[八千代]시 타카츠[高津]구에 있는 관음사(觀音寺)에

세키 고젠 스님.

찾아갔다. 400년이 넘은 고찰로 건물이 아주 오래돼 보였다. 인근의 300여 가구로부터 고정적으로 시주받는, 지역 사회에서 신뢰받는 사찰이었다.

오무라 교수님과 우리 일행을 사찰의 주지인 세키 고젠[關光禪] 스님은 마치 친척을 맞이하듯 조용히 반기셨다. 세키 고젠 주지가 세키(關) 집안의 25대째 주지라는 말에 놀랐다. 다다미가 깔린 불당에 앉아 세키 스님의 말을 들었다.

"1959년에 마을에 살던 노인 한 분이 찾아왔습니다. 조선인 학살에 대한 이야기였습니다. 물론 아버지로부터 조선인들이 많이 학살됐다는 말을 어릴 때부터 가끔 듣기는 했는데, 제가 일하는 지역에 비극이 있을 줄은 몰랐어요. 지진이 일어나고 닷새 뒤, 9월 5일에 다카쓰[高津]에 사는 농민들은 나라시

219

노 수용소에서 조선인을 데려가라는 말을 듣습니다. 조선인을 인수하러 가서, 조선인의 손을 뒤로 묶은 채 눈을 감기고 일본도로 베어 그곳 구덩이에 묻었다는 이야기였어요."

그 노인은 관음사에서 300m 떨어진 나기노히라[ナギの原]라는 들판에서 처형되어 구덩이에 묻힌 조선인 학살 피해자들을 발견하고, 그들을 위해 공양하고 싶다는 뜻을 전했다고 한다.

"외면할 수 없었지요. 그해부터 관음사에서는 학살당한 조선인 희생자를 추모하는 위령 푯말을 세우고, 매년 9월 그 현장에서 위령제를 올리기 시작했습니다. 그리고 간토대지진 50주년이었던 1973년부터는 지바현 내 각지에서도 시민들이 조선인 피해에 대한 조사를 시작하고, 1978년 지바현에서 '간토대지진 조선인희생자추도 조사실행위원회'가 결성되었지요. 상세한 자료집들을 발간하기도 하면서, 1983년 9월 10일부터는 관음사에서 위령제를 지내고 있습니다."

1985년 5월, 언론인 신우식 선생을 대표로 '위령의 종 보내는 모임'이 발족한다. 이후 정부 기관이

나 기업체에 의존하지 않고 순수한 시민들의 성금으로만 비용을 마련, 종로 보신각종 모양을 본뜬 105cm 높이의 '위령의 종'이 완성된다.

이 종은 한국인과 일본인이 차별 없이 보편적으로, 즉 함께 평등하게 살 수 있는 세상을 기원하는 마음을 담아 '보화종'(普化鍾)이라 이름 붙여졌다. 그리고 한국 13개 시·도의 흙을 모으고, 한국의 기와와 목재에다 한국식 단청으로 만든 종루까지 종과 함께 현해탄을 건너 관음사 내에 세워졌다.

"1998년 9월 24일 마침내 오전 8시 탈령식(脫靈式)에 이어 발굴 작업을 시작했어요. 증언을 토대로 조선인을 학살한 나기노하라를 굴착기로 파기 시작했는데, 12시 15분경 정말 유골이 나왔어요. 유골을 정성껏 물로 씻어 일단 관음사 납골당에 안치한 후, 화장을 하려고 야치요시에 접수했으나 유골의 신원을 확인할 수 없다는 이유로 거절당하는 등 곡절을 겪었지만, 화장을 끝내고 3개의 항아리에 담아 관음사로 옮겨 왔어요."

이후 지금까지 9월 그날이 오면 불교·기독교·원불교식의 추모사가 이어지고 있다.

오무라 마스오 교수님과 세키 고젠 주지는 꽤 오

랜 시간 동안 대화를 나누었다. 나는 몇 번이고 꾸벅 꾸벅 졸면서 두 분의 대화를 엿들었다. 아마도 한 시간 이상 대화하신 것 같다. 대화가 끝나고 두 분은 추모비 앞에서 합장을 했다.

지바 지역의 조선인 학살지인 나기노히라에 갔다. 여섯 명의 죽은 귀신이 나온다는 소문이 있기 때문일까, 비극이 있었던 공터에는 잡초만 무성하고, 그 둘레로 주택가가 있었다. 이어서 조선인이 격리된 나라시노 낙하산 부대 지역을 답사하고, 오무라 마스오 교수님은 조선인 학살을 기억하는 운동을 하는 활동가들을 만나게 해주셨다.

답사를 마치고 며칠 뒤, 오무라 교수님은 조선인 학살에 관한 논문과 기사를 프린트한 화일과 몇 가지 책을 내 연구실에 와서 전해주셨다.

"조선인 학살과 문학 이야기 한번 써보세요."

이 한 마디에 나는 다시 학자의 길로 돌아왔다. 바로 이 얘기를 논문으로 써야 하고, 내가 쓰는 논문은 바로 역사에 공헌할 수 있는 작은 역할을 할 수 있다고 생각했다. 연구에서 떠난 지 3년 만에 나는 '관동대진재 조선인 학살과 한일 문학'에 관한 논문 두 편을 발표하면서 학계로 돌아왔다.

한국을 공부하는 사과

2000년부터 매년 9월 첫주에 와세다대학 학생들과 한국 문화 기행을 하고 있다. 전국 각지 의미 있는 곳을 열흘 정도 버스를 타고 다니며 한국 역사와 종교, 문학을 공부하는 서머 스쿨이었다. 선생님은 이 기행을 무척 반가워하셨다.

한번은 '일본군 위안부' 할머니가 사는 '나눔의 집'에 갔다. 전시실을 보고 놀란 학생들은 친절하게 맞아주는 위안부 할머니들과 일본어로 대화하고 한 번 더 놀랐다. 그날 밤 숙소로 가는 버스 안에서 충격이 컸는지 학생들은 말을 못했다. 바위 덩어리를 실었는지 버스는 무거웠다. 그때 선생님은 낮은 목소리로 말씀하셨다.

"쉽게 한국에 사과한다고 말하지 마세요. 정치가처럼 혀로 사과한다고 하지 말고, 그 시간이 있으면 한국을 공부하세요. 한국을 공부하는 것이 사과하는 태도입니다."

2004년 퇴직 후, 선생은 더 많은 활동을 하고, 더 많은 저작을 내셨다. 여섯 권의 『오무라 마스오 저

작집』을 2018년에 완간하셨다. 남은 시간이 없다며 잠도 안 자고 목숨 걸듯 글을 쓴다고 사모님은 교수님을 걱정하셨다. 한일 관계에 머물지 않고 한국, 중국, 만주, 대만, 일본 등 아시아 문학을 교류하는 국제 심포지엄을 김재용 교수 등과 개최하셨다. 서재에 남아있던 그 많은 책들을 모두 국립한국문학관에 기증하기로 하셨다.

선생님, 인격과 학자의 품격을 보여주신 선생님과 지내온 세월은 분에 겹고 행복했습니다. 작년 (2021년) 11월 용재 학술상 시상식 때 선생님을 사랑하는 후학들이 가장 많이 모였지요. 선생님도 환희 웃으시는 마지막 사진을 보고 또 봐요. 가르쳐주신 대로 국가 구별하지 않고 내리사랑하겠습니다. 후학들 모두 목숨 걸듯 공부하겠습니다.

우리의 기억 속에 계시는 한, 선생님은 영원히 살아계시는 겁니다. 새로이 가신 그곳에서 친하던 윤동주 시인, 김학철 선생과 밀린 대화하시고, 김윤식 교수님, 남정현 선생님과 좋아하던 커피도 드시고 바둑도 두세요. 터질 듯 짧게 울고 '거대한 아시아인'을 배웅하지 않고 계속 모시기로 했어요. 선생님, 영원히 고맙습니다.

오무라 마스오 교수님은 2023년 1월 15일, 세키 고젠 스님은 그보다 먼저 2019년 10월 16일 돌아올 수 없는 하늘나라로 가셨다. 아마도 두 분을 억울하게 죽어간 희생자들이 감사하며 맞이했을 법하다.

"우리가 태어나기 전의 일이지만, 정말 야만적인 사건이었지요. 살아있는 동안, 아니 죽고나서도 다시는 이런 비극이 일어나지 않도록 정확히 널리 알리려고 합니다."

세키 고젠 스님의 말에 조용히 머리를 끄떡이던 오무라 마스오 교수님의 어두운 얼굴도 아직 선연한데, 두 분은 이제 이 세상에 없다. 하늘 저 편 다다미 깔린 법당에서 오래 대화하셨듯이, 영원히 오래고 긴 대화를 하시겠다.

〈한겨레신문〉, 2023.1.19

삭제해도 피어나는 꽃,
미야카와 야스히코와 니시자키 마사오

다크 투어리즘(Dark Tourism)은 끔찍한 역사적 사건이 있던 공간을 찾아가는 답사를 뜻한다. 지금도 몇 명일지 모를 유대인이 학살당한 폴란드의 아우슈비츠, 수십 명이 총살당하고 지금은 터만 남아 있는 제주도 곤을동 마을 등을 떠올릴 수 있겠다.

다크 투어를 하면 두 가지 대립을 마주한다. 반드시 기억해야 할 비극적 장소를 삭제하려는 '삭제의 죄악', 반대로 비극이 반복되지 않도록 애쓰는 '기억의 복원'이 충돌한다. 삭제의 죄악을 극복하고 기억의 꽃을 피워내는 과정에, 짐승이 아닌 인간 역사를 위하여 고통의 구심점 '곁으로' 가는 사람들이 있다.

2023년 9월 1일은 간토대진재 조선인 학살 백년 되는 날이다. 간토 학살로 줄여 말하는 이 사건은 지진이 일어나고, "조선인이 불을 지르고, 우물에 독을 넣는다"는 유언비어가 퍼져 불안에 떨던 일본인들이 9월 1일 밤부터 6일까지 6,000여 명의 조선인을 학살한 사건이다. 이에 백 년 전 간토학살의 비극을 영원히 기억하여 절대 반복되지 않도록 애쓰는 일본인들이 있다. 역사의 현장에 반기를 들고 참여하는 일본인들이 있다.

일조협회, 미야카와 야스히코

현재 도쿄 요코아미초 공원 자리는 본래 육군 군복을 만드는 공장터였는데, 간토대지진이 있기 전 이전하여 그 자리엔 넓은 공터가 생겼다. 지진이 일어나자 약 4만 명의 사람들이 이 공터로 모였는데, 불 회오리 바람이 덮쳐 무려 3만 8,000명이 이 공원에서 사망한다. 간토대지진 사망자 5만 8,000여 명 중 65%가 사망한 장소다.

바로 이 비극의 장소에 '간토대지진 조선인 희생자' 추도비가 세워져 있다. 추도비 뒷면에는 아래와

3만 8,000명이 사망한 도쿄 요코아미초 '피복창 부지의 시신들.'

'간토대지진 조선인 희생자' 추도비.

같이 새겨져 있다.

　　1923년 9월 발생한 간토대지진의 혼란 속에서, 잘못된 책동과 유언비어 때문에 6000여 명에 달하는 조선인이 존귀한 목숨을 잃었습니다. 우리들은 진재(震災) 50주년을 맞이하여 조선인 희생자를 마음으로부터 추도합니다.

　　이 사건의 진실을 아는 것은 불행한 역사를 반복하지 않고, 민족 차별을 없애고, 인권을 존중하며, 선린우호와 평화의 큰 길을 개척하는 주춧돌이 될 것이라 믿습니다.

　　사상, 신념의 차이를 넘어서 이 비를 건립하려고 모인 일본인의 성의와 헌신이, 일본과 조선 두 민족의 영원한 친선의 길이 될 것을 기대합니다.

　　　　　　간토대진재 조선인 희생자 추도행사 실행위원회, 1973. 9

미야카와 야스히코.

　이 추도비를 세우고 '간토대진재 조선인 희생자 추도식'을 1973년부터 50년 동안 매년 9월 1일 이곳에서 진행해온 일본인이 있다. 일본과 조선의 평화를 바라는 일조협회, 도쿄도 연합회장인 미야카와 야스히코(宮川泰彦) 선생은 고령의 나이에도 우리 일행을 맞이했다.

　"일본인들이 조선인을 죽였다니 일본인이 그럴 리가 없다며, 그것은 거짓말이라고 하는 사람들이 있습니다. 이런 비극은 언제든지 반복될 수 있습니다. 불과 20여 년 전, 2000년 4월 9일 이시하라 신타로 도쿄 지사는 일본에 혼란이 일어나면 조선인을 포함한 삼국인이 위험하다는 말을 했습니다. 지금 현재 도쿄도 도지사인 고이케 유리코는 조선인 희생자 추도식에 참석하지 않고 있습니다. 조선인 학살 사건을 인정하고 싶지 않은 거죠. 오히려 그럴수록 우리는 이 자리에서 조신인 희생자 추모식을 계속하려고 합니다."

아직도 시끄럽게 헤이트 스피치(혐오 연설)를 하는 일본의 극우들도 어떤 계기만 있다면 백 년 전 자경단처럼 끔찍한 폭력을 행할 수도 있다.

봉선화, 니시자키 마사오

1982년 조선인 학살 사건을 접한 메이지(明治) 대학 영어과 4학년 학생이 있었다. 진상 규명과 추도 행사를 지속해온 니시자키 마사오(西崎雅夫) 사단법인 봉선화 이사는 비극을 애도하는 일에 40년 넘게 사비를 쏟아가며 헌신한다. 한국에서 비극의 장소를 찾아온 방문객을 위해 그는 조선인 학살지 아라카와(荒川) 강변에서 구슬땀을 흘려가며 설명했다.

"인공 하천인 아라카와 강변 둑과 다리를 건설하는 작업에 조선인 노동자가 많이 동원되던 시기였습니다. 그때 바로 도쿄 시내에서 지진이 난 겁니다. 지진이 나고 두어 시간 지나 오후 3시경부터 유언비어가 퍼지기 시작했습니다. 이 그림을 보시면 아

지진이 나고 퍼지기 시작한 유언비어들. "조선인들이 나무 상자에 폭탄을 넣고 다니며 터뜨려 일본인들을 죽인다." "임신한 것처럼 배에 폭탄을 넣고 다니며 일본인들을 살상한다."

시듯, 조선인들이 나무 상자에 폭탄을 넣고 다니며 터뜨려 일본인들을 죽인다, 임신한 사람처럼 배에 폭탄을 넣고 다니며 일본인들을 살상한다는 소문이었습니다. 그날 밤부터 지진이 나서 불타는 도쿄에서 탈출하자면, 아라카와 강을 건너야 했고, 그때 하나 있는 다리를 통과해야 했습니다. 그때 그 다리에서 사람들에게 "15엔 50전이라고 말해봐"라고 물어서 제대로 발음을 못하면, 그냥 칼로 베어 죽였습니다."

짧은 시간에 정확한 정보를 전하기 위해 니시자키 선생은 사진 파일을 보여주면서 설명했다.

"신창범이라는 노동자가 있었습니다. 그는 곁에서 조선인들이 죽는 것을 보았습니다. 15엔 50전은

231

니시자키 마사오

커녕, 일본어를 못 알아듣고, '무슨 말을 하는 거야?'라고 하는 순간 칼에 베어져 죽는 동료들을 보고, 아라카와 강으로 뛰어들었습니다. 강에는 자경단들이 작은 배를 타고 있었고, 불갈구리로 죽은 조선인들을 찍어 올리거나, 살아 있는 조선인들의 머리를 찍었습니다. 신창범은 거기서 얻어 맞아 기절했는데, 나중에 시체 더미에 깔려 있다가 데라지마 경찰서에서 기적적으로 동생과 만나 생존합니다. 신창범의 온몸에는 칼자국이 많이 났는데, 특히 양쪽 발목 안쪽에 큰 구멍이 생겼습니다. 죽었다고 생각한 자경단들이 그를 옮길 때 불갈구리로 발목을 찍어 끌어당겼기 때문이라고 추측합니다."

조선인 학살의 희생자를 추모하는 움직임은 후세 다쓰지 등에 의해 이루어진다. 개중에는 조선인

니시자키 마사오 사단법인 봉선화 이사는 한국에서 비극의 장소를 찾아온 방문객을 위해 조선인 학살지 아라카와(荒川) 강변에서 구슬 땀을 흘려가며 설명했다.

이 아닌데도 사회주의자라는 이유로 살해당한 이의 유족도 있었다. 유족과 후세 다쓰지는 요구한다.

"10월 14일 카메이도 경찰서에 유족 3명과 변호 사 후세 다쓰지가 찾아갑니다. 고모라(小森) 서장 에게 유골만이라도 돌려달라고 요구합니다만, 조선 인 사체 등 100여 구를 한꺼번에 묻어서 누구의 유 골인지 알 수 없다며 거부하지요. 유족은 자기들의 힘으로 11월 13일부터 수습에 나서겠다고 경찰에 알리고 현장에 함께 있어줄 것을 요청합니다. 그 전

위. 경찰이 유족의 접근을 막고 시체를 빼돌렸다는 1923년 11월 14일 〈호지신문〉 기사. 사진 민병래. 아래. 인공 하천인 아라카와강 강변 둑과 다리.

전 날인지 경찰은 이미 땅을 파서 트럭 3대 분의 시
신을 어딘가로 옮겨놓았다는 〈호지신문〉의 보도도
있었지요."

이어서 니시자키 선생은 옛 요쓰기(四ッ木) 다리
가 있던 자리 아래로 일행을 안내했다.

"이 다리 아래 있는 조선인을 군인들이 기관총
으로 총살했다고 합니다. 일반 시민들도 학살에 가
담했고요. 여기 학살 사건이 있었다는 걸 어떻게 알
았을까요? 기누타 유키에(絹田幸惠)라는 소학교 선
생이 학생들에게 인공 하천인 아라카와의 유래를

일본인의 유골 발굴 작업.

설명하려고 알아보다가 한 노인의 증언을 듣습니다. 옛 요쓰기바시 다리 아래 아라카와 강가에서 열명씩 조선인을 묶어 늘어놓고 군대가 기관총으로 쏴 죽였다는 이야기였지요. 다리 아래에 세 군데 정도 큰 구덩이를 파서 묻었다는 얘기를 듣고, 이때부터 일본인들이 모이기 시작했습니다."

일본 당국과 경찰은 이때부터 아라카와 강변에 사람들이 접근 못하도록 막고, 진실을 알려고 하는 양심적인 일본 시민과 대치하는 일들이 일어난다.

1982년 9월 1일 아라카와 강가에서 첫 위령제가 열린다. 경찰의 방해가 있으나 조선인 유골을 찾아 굴착기를 동원해, 3~4미터를 파고, 세 군데를 굴착한다. 이들의 노력은 이에 그치지 않고, 매년 추모식과 강연회 등으로 다시는 이 비극이 반복되지 않도록 알리고 있다.

니시자키 선생의 모임은 공적(公的)인 장소에 추모비를 건립하고 싶었으나 허가받지 못했다. 그저 매년 학살이 이루어진 강변에서 추도식을 갖고 제방 아래 이자카야居酒屋, 선술집에서 모임을 가졌다. 그 선술집 주인은 이 사람들이 추모비를 못 세워 애태운다는 말을 듣고는 "내가 나이가 많아 장사도 못하니, 이 땅을 사서 추모비를 세우세요." 라고 말했다.

2008년 그 선술집을 구입한 니시자키 선생은 그 집에서 생활한다. 이듬해 2009년 9월 선술집 건물 옆 작은 마당에 '간토대지진 한국조선인 순난자(殉難者) 추도비' 를 세운다. 지금도 꽃밭에 둘러싸여 슬퍼할 도(悼)라는 한자가 씌어진 추모비가 공적인 장소가 아닌 개인 주택지에 세워져 있다. 5평 정도로 보이는 그 선술집은 입구에 〈봉선화의 집〉이라는 작은 나무 간판이 있고, 자료실과 회의실로 쓰이고 있다.

니시자키 선생은 이후 1,100여 명이 남긴 목소리를

〈봉선화의 집〉 건물의 왼쪽 마당에는 슬퍼할 도(悼)라는 한자가 씌어
진 추모비가 세워져 있다.

담아 『간토대지진 조선인 학살의 기록』(겐다이쇼칸
출판사)이라는 512쪽짜리 두툼한 증언집을 출판했다.

일본 시민들이 동행한 답사

시민모임 '독립'(이사장 이만열 숙명여대 명예
교수, 박덕진 대표)이 진행하는 일본 속의 항일 운동
의 공간을 찾아가는 사흘 간의 답사 여행에서 우토
로 마을, 윤봉길 의사 암장지, 조선인 강제 노동 현
장인 미쓰비시 채석장, 독립선언문을 낭송했던 곳,
간토 학살이 있던 곳, 한국의 독립투사들을 변호했
던 후세 다쓰지 변호사의 묘지 등 다시는 한일 간 비
극이 없기를 바라는 일본인들과 그 공간을 걸었다.

우토로 마을의 자원봉사자들은 일본인이었다. 윤
봉길 의사 암장지를 조성할 때 일본인들이 협력했다
고 한다. 우리가 가는 곳에 시민 마츠카와 미키(松川
美紀), 미야지마 요코(宮嶋陽子) 선생, 〈적기〉(赤旗)
신문 기자 쿠리하라 치즈르(栗原千鶴) 등이 동행했다.

일본 시민들과 함께한 이번 답사는 숫자는 적지
만 불의에 저항하는 일본인이 확실히 존재한다는
것, 수는 적지만 열정은 놀라울 정도라는 사실을 확
인했다. 몇 년 전 한국에서 열린 한일 심포지엄에서
"일본 시민 운동은 힘이 없으니, 아예 연대할 필요

2021년 2월에 창립된 시민모임 '독립'(이사장 이만열 전 국사편찬위원장, 대표 박덕진)은 일제 강점기 독립 정신을 계승하여 그 현재적 실천을 구현하는 공동체다. 매월 첫째 토요일 근현대사 답사, 근현대사 관련 저자와의 만남, 8월 일본대사관 시위 등을 한다. 페이스북 '시민모임 독립'에 가입하면, 회원 가입과 후원 계좌를 확인할 수 있다.

가 없다"는 말을 듣고 나는 대경실색했다. 그런 말을 들으면 화가 나기까지 한다. 며칠간 나는 삭제의 죄악, 곁으로 가는 동행, 그 연대를 통해 이어지는 기억의 꽃을 보았다.

　미야카와 선생이나 니시자키 선생 같은 분을 뵈면, 연구실에 갇혀 너무도 편하게 하는 가벼운 공부가 한없이 부끄럽다.

〈중앙일보〉 2023. 7. 13

희미한 빛, 사죄 운동을 행한
오야마 레이지 목사

"왜 일본에 살아요? 나쁜 놈들 땅에 왜 살아요?"

간토대지진 조선인 학살, 독도, 야스쿠니, 교과서 왜곡 문제가 났을 때 어떤 이가 욕하듯이 거칠게 쏘아 뱉었다. 갑자기 십여 년 일본에서 살아온 내게 하는 욕 같았다. 그의 분노에 충분히 공감하면서도, 일본이라는 국가가 잘못했지, 일본인 모두가 나쁜 놈은 아니라고 말하고 싶었다. 일본인으로서 잘못된 문제를 더 아파하고, 사죄의 평화 운동을 실천하는 사람을 기록에 남기고 싶다. 일본의 어둠뿐만 아니라, 그 희미한 빛에 대해서 꼭 쓰고 싶다. 앞선 오무라 마스오 교수와 관음사 세키 스님 글을 쓰며 불교도가 행한 실천을 썼는데, 이번에는 예수를 따르는 낮고 작은 이의 삶을 쓰려고 한다.

이 책을 마무리하는 2023년 5월 16일, 향년 96세 일본인 목사님의 사망 소식을 들었다. 일본이 지은 죄가 제암리교회 학살뿐만 아니라, 간토대지진 조선인 학살, 군인 위안부 문제 등 너무도 많아 끝도 없

오야마 레이지 목사.

다고 했던 그분 모습이 떠오른다. 그의 메시지를 통역할 때 그는 내게 전화를 걸어 당시 한일 문제 등 내 사건을 묻곤 했다. 그를 처음 만나던 20여 년 전이 생각났다.

그저 나이 드신 큰 교회 목사님이겠지 하고 생각했다. 이분이 한국인을 위한 행사라면 무엇이라도 협조하고, 한국인이 선교사로 일본에 오려 한다면 보증인이 되어준다는 말도 들었다. 도쿄신학대학원 설립자이자 총장인 그의 메시지를 통역하러 가서 처음 뵈었다.

그날 이 분은 들릴까 말까 하는 목소리로 입을 열었다. 무슨 말을 하는지 알아 듣기 버거워, 내 귀 끝을 바싹 곤추세웠다. 이상하게도 그 작고 낮은 목소리에 귀 기울이면서 웬지 나 자신이 숲길을 거니는 양 차분해졌다.

2006년 8월 한국의 한 교회에서 주일예배 때 그분의 설교를 통역해달라는 연락이 왔다. 통역하기 전날 찾아뵙고 식사하면서 작고 낮은 삶에 더 가까이 다가갔다. 그날 통역했던 원문을 여기에 남긴다.

오야마 레이지의 사죄문

안녕하세요. 저는 1927년에 태어난 오야마 레이지[尾山令仁, 1927~2023]라고 합니다. 저, 17세의 오야마는 태평양 전쟁 시절 일본 육군 경리학교 생도였습니다. 전쟁이 끝나고 저는 정부의 가르침이 전부 거짓이라는 것을 깨달았고, 19세 때쯤 성경을 만났습니다. 1951년 와세다대학에 입학했고, 이 무렵 도쿄신학숙(도쿄신학학원)에서 신학을 배웠습니다.

스물여섯 살이었던 1953년부터 학교 근처 다카다노바바역에서 혼자 노방 전도를 시작했습니다. 첫날부터 17명이 모여, 거의 매일 저녁 요한복음 공부를 시작하는 등 아름답게 시작했습니다. 하나님의 은덕으로 사람들을 만나고 그것이 지금 도쿄 성서그리스도교회의 출발이 되었습니다.

그러다가 1956년에 우연히 마태복음 5장 23절과 24절 충격적인 말씀을 읽었습니다.

제2차 세계대전 당시 17세의 오야마 레이지.

　　그러므로 제단에 예물을 드리려 할 때에 너에게
원한을 품고 있는 형제가 생각나거든 그 예물을 제
단 앞에 두고 먼저 그를 찾아서 화해하고 나서 돌아
와 예물을 드려라.

　예배에 재물을 드리려 할 때에 형제와 화해하고
오라는 이 말씀. 이것은 저에게 큰 쇼크였습니다. 일
본 육군 생도였고 대학에서 역사를 전공했던 제 눈
앞에는 일본이 아시아 많은 나라에 저질렀던 만행
이 펼쳐졌습니다. 그리고 그 만행에 대해 어떤 사죄
도 하지 않고, 매일 모여 요한복음을 공부하는 것,
그리고 매주 모여 드리는 예배를, 과연 하나님께서
받아주시겠는가 하는 본질적인 고민에 빠졌습니다.

그때부터 저는 '사죄 운동'을 시작했습니다.

1962년 처음 대만에 가서 대만 사람에게 사죄하려고 했는데, 일본인이라고 목덜미도 잡히고 위태로운 지경에 처하기도 했습니다. 싱가포르에 가서 사죄 운동을 하고, 필리핀에서는 6개월 동안 살면서 사죄하고 교회를 세우기도 했으나, 거의 미친 사람 취급을 당한 적도 있습니다.

'내가 이렇게 무시당하고 살 필요가 있을까?'

수시로 낙담했던 제 위장은 스트레스 때문에 거덜났습니다. 양동이에 담긴 싸구려 위장약을 큰 스푼으로 한 수저씩 입안에 털어놓고, 쓰린 배를 쓰다듬으며 사죄하러 다녔습니다.

그 무렵 1919년 3.1운동 때, 발안 장날 장터에서 독립 만세 운동을 전개했다는 이유로, 4월15일 일본 헌병이 교인들을 교회에 가두고 불을 질러버렸던 사건을 알았습니다. 23명이 불에 타 죽었던 제암리 교회 사건입니다.

1963년, 저는 제암리 교회를 찾아갔습니다. 젊은 후배들이 알아야 한다고 생각했기 때문에 와세다대학 학생들을 데리고 갔습니다.

일본인은 우리 동네에 들어오지 말라!

공항에서부터 이동하면서 현수막을 펼쳐 보이며 제암리 마을로 이동하는 오야마 레이지 일행.

가자마자 제암리 사람들에게 욕설을 들었습니다. 우리를 막는 동네 분들의 분노가 잦아들기를 기다려 가까스로 찾아간 제암리교회 자리에는 건물이 없었습니다. 동네 사람들이 교회에서 떼죽음을 당했기 때문에 전동례 할머니 등 몇 사람을 제외하고 교인이 아예 없었습니다.

이후 몇번 한국을 찾아갔습니다. 1965년 10월 한국에 갈 때는 현수막에 우리의 목적을 한글로 써서 들고 찾아갔습니다.

우리 일본 사람들은 과거에 있어서 한국 사람들에게 끼친 피해와 상처를 우리 주 예수 그리스도 안에서 마음으로부터 사죄하나이다.

마태복음 5:23-24

공항에서부터 이동하면서 현수막을 펼쳐보이며 제암리 마을로 갔습니다. 그래도 제암리 마을 분들은 분노하셨습니다. 돌아오면서 불에 타 없어진 교회 건물을 다시 지어 사죄해야겠다고 생각했습니다.

이어 1969년부터 저는 '한국 제암리교회 방화사건 사죄위원회'를 만들어, 당시 천만 엔, 그러니까 현재 돈으로 10억 정도를 모아 한국으로 갔습니다.

돈을 갖고 갔지만, 수원에서 발안으로 갈 때, 제암리 사람들 데모대에 의해 택시에서 내려져 다방에 갇혔습니다. 유족회 간사들에게 저는 부단히 1년간 대화하며 설득했습니다. 제암리 마을 분들은 조금씩 마음 문을 열어주셨습니다. 교회 안 다니는 분들의 의견에 따라, 모은 돈의 반으로 기념관을 짓기로 하고, 반은 교회를 짓기로 했습니다.

이후 일본의 크리스천과 지식인들이 제암리교회에 가서 머리 숙여 사죄했습니다. 이런 과정에서 말씀대로 저를 구박했던 제암리 동네 분들과 저는 친한 사이가 되었습니다.

사람의 행위가 여호와를 기쁘시게 하면 그 사람의 원수라도 그와 더불어 화목하게 하시느니라.

잠언 16:7

화목하라는 말씀 그대로 성취되었습니다. 1969년, 제암리교회 방화사건 50주기에 교회당과 기념관 건축을 시작했습니다. 그리고 1970년 헌당식을 가졌습니다. 건축하는 과정에서 아팠던 제 위장이 완전히 낫고 건강이 완전히 회복되는 체험을 했습니다.

그후 저는 북한 조선 크리스트교도 연맹 중앙 위원회 위원장을 만나고, 곧 북한 사람에게도 사죄 운동을 하기로 결심했습니다.

우리들 일본인은, 일본의 근대화 과정에서 아시아 분들에게 심한 일을 해왔습니다. 가장 가까운 한반도 사람들에게 36년 긴 세월에 걸쳐 식민지 통치를 했고, 말로 다할 수 없는 잔학무도한 일을 했습니다. 우선 국모를 죽이고, 토지를 빼앗고, 아름다움을 빼앗았고, 이름을 빼앗고, 언어를 빼앗고, 사람을 빼앗고, 생명을 빼앗았습니다. 나아가 여성을 일본군의 위안부로서 징용해, 인간의 존엄을 빼앗았습니다. 그리고 신사 참배를 강요해, 따르지 않는 사람들을 투옥해, 고문을 가했습니다. 이 사실을 많은 일본인은 모릅니다. 그러나 이것은 사실이며, 저희 일본인은 진심으로 사죄하지 않으면 안 됩니다.

「북한 사람들에게 사죄하는 운동 취지」, 서문

1년을 기다렸다가, 사죄 운동 취지문과 1000만 엔의 사죄금을 현금으로 가져가겠다고 팩스로 보냈습니다. 그후 연락이 와서 북한에 사죄하러 가는 기일을 결정하고, 일본에서의 헌금 모집 활동을 시작했습니다. 1997년 7월부터 9월까지 약 3개월 동안 목표액을 모아, 1997년 10월 사죄 사절단 5명은 북경을 거쳐 평양을 방문했습니다.

전해진 사죄금은, 조선 크리스트교 연맹이 식료를 구입해, 북한의 재난 지역에 보냈습니다. 사죄 사절단은 평양에 있는 봉수교회에서 사죄의 메시지를 발표했고, 그 내용은 북한의 텔레비전, 라디오, 신문 등을 통해 많은 북한 사람들에게 알려졌습니다. 후에 사죄금의 사용 용도가 기록된 정식 수령서도 받았습니다. 주로 국수 공장의 건설 비용으로 사용했다고 합니다.

1998년 10월 초순에 다시 제2기 사죄 방문을 했습니다. 이 시기에는 대포동 미사일 발사 사건이 있었기에, "우리가 보낸 돈이 미사일이 되는 것이 아닌가" 하고 걱정하는 일본인도 많았습니다. 이때도 조선 크리스트교도 연맹을 통해 1000만 엔의 사죄금을 보냈습니다. 이 사죄금은 교회 직영의 빵 공장 운영을 위해 사용되었다고 합니다.

이후에도 북한 사람들에게는 기회가 있을 때마

다 뭔가 계속 사죄의 표현을 하고 싶습니다. 돈이 아니라 사용 목적이 한정되는 식료나 의료 등의 원조 활동으로서 사죄 운동을 하고 싶습니다.

아시아에 행한 일본의 죄

여기까지가 2005년 8월 21일에 내가 통역한 내용이다. 토막난 기억을 메꾸려고 그의 책을 읽고 보탠 부분도 있지만, 그는 거의 같은 간증을 했다. 그날 나는 태연한 척 통역했지만, 간혹 목이 메이기도 했다. 한편으로는 마음 한 구석에 그저 돈을 건네는 것만이 사죄 운동의 전부일까 하는 생각도 삐져나오곤 했다.

그러던 차 오야마 목사님의 전화를 받았다. 어떤 목소리는 듣기만 해도 흥분하게 되는데, 목사님 목소리는 늘 차분하게 자신을 돌아보게 한다.

"이번 주일 예배에 태평양 전쟁 때 일본군의 포로였던 영국 분들이 오세요. 김 선생 오시겠어요?"

전화를 듣자마자 지체없이 가겠다고 했다.
와세다대학 역사학 박사 과정을 이수했던 그는 도쿄신학대학원 총장이고, 30여 권의 책을 쓴 학자

이기도 하다. 그의 저서 『죽음에 대한 대비』,『살아 역사하시는 하나님』이 한국어로 번역되어 있다. 무엇보다도 일본 청교도 운동을 이끌어가며 일본에 지교회가 23개나 있는 성서그리스도교회 담임목사인데 그 말투나 행세는 겸손한 머슴 말씨이다.

2006년 10월 15일, 주일 아침에 전철을 탔다가 비싼 택시로 갈아탔다. 빨리 가고 싶었고, 돈이 아깝지 않았다. 오야마 목사를 만날 때마다 나는 왜 성 프란치스코의 〈평화의 기도〉를 흥얼거리는지. 미움이 있는 곳에 사랑을, 아픔이 있는 곳에 용서를.

일본에서는 보기 드물게 큰 예배당 앞자리에 금발이나 백발의 서양인들이 앉아 있었다. 200여 명의 일본인 교인들이 오야마 목사님의 말씀을 듣고 있었다.

"개인이라도 도저히 용서할 수 없는 사람이 있습니다. 가족, 회사, 교회에도 있을 수 있습니다. 우리는 화해해야 합니다. 일본이 아시아에 지은 죄를 사죄해야 합니다. 사죄해야 할 사람은 사죄해야 하고, 사죄받는 사람은 용서해줘야 합니다. 사죄와 용서가 화해를 만듭니다. 그것을 만드는 이는 인간이 아니라 하나님이십니다. 이제 우리 진정으로 사죄합시다."

말씀이 끝나고 앞자리에 있던 20여 명의 영국 분을 의자에 모셨다. 40대에 전쟁에 참가했다가 싱가포르에서 일본군 포로가 되었던 92세의 할아버지가 절둑이며 앞에 앉는다. 6년 전에 돌아가신 아버지의 유언에 따라 오게 된 딸과 사위 등 일본군의 포로였던 영국인 혹은 그 가족들이 앉는다.

맨처음 오야마 목사님이 무릎 꿇고 한 사람 한 사람에게 머리 숙여 사과하기 시작했다. 오야마 목사님이 20여 명의 영국인에게 한 명 한 명 인사하고 다 끝나가는데도, 사죄하러 앞으로 나가는 사람이 없었다.

혹시 아무도 사죄하지 않으면 어떡하나. 그렇다면 저렇게 앞에 앉아 있는 영국인들을 모두 바보 만드는 거 아닌가. 뜬금없는 잡념이 퍼뜩 지나갔다. 아무도 나오지 않자 몇몇 영국인들은 멀뚱히 앉아 있는 듯이 보였다. 바이올린 연주자도 뜸을 드리려는지 조금 더 천천히 연주하기 시작했다. 이런 상황에 오야마 목사님은 나오라고 다독이지도 않고, 그저 오르간 뒤에 조용히 앉아 계셨다.

그때쯤 머리가 허옇게 늙은 일본인 한 분이 나가 가장 나이 들었음직한 영국인 할아버지 앞에 무릎을 꿇었다. 조금씩 여기저기서 눈시울에 번지는 물기를 닦는 사람들이 보였다. 누구 할 것 없이 한 명씩 한 명씩 일어나 앞자리로 가서 무릎 꿇고 사죄하기 시작했다. 긴장이 실타래 풀리듯 일시에 풀어졌다. 더 많은 사람들이 앞으로 나가니, 이제는 줄을 서야 했다. 서로 엉키기도 하고 부둥켜 안기도 하고, 여기 저기서 낮은 울음소리가 들렸다. 영국인들도 일본인들도 서로 껴안고 눈물 흘렸다.

가끔 웃음소리가 섞여 들렸다. 울음을 통한 화해의 웃음소리로 들렸다. 엄마가 왜 서양 사람하고 껴안고 울다가 또 웃는지, 꼬마가 맑은 눈으로 바라보고 있었다. 내 눈 앞에서 돈이 아닌 무릎으로 하는 사죄의 눈물과 화해의 웃음이 펼쳐지고 있었다.

모임이 끝나고 다과회에서 나는 몇몇 영국인과 대화했다.

밭은 기침을 자주 했던 알렌[Alan Johnstone, 54세] 씨는 히로시마에서 대학생들에게 전쟁의 비극이 다시는 없어야 한다고 강조했단다. 아버지가 일본군 포로였다던 수잔[Susan Richardson, 55세]은 아버지가 평생 일본에 대해 싫어하다가 1992년에 일본에 와서 화해를 하고, 싱가포르에 있었던 포로수용소 자리도 방문하고 6년 전에 돌아가셨다고 한다.

그중 루스 돕슨[Ruth Dobson, 50세] 아주머니에게서 놀라운 간증을 들었다.

태평양전쟁 때 일본군의 포로였던 영국분들께 사과하는 자리. 사진 김
응교.

　　"제 아버지 데니스는 일본군 포로가 되었을 때,
간수였던 한 일본군에게서 성경을 받았습니다. 그
일본군은 이름만 일본 이름이었지, 알고 보니 조선
사람이었습니다. 그 사람에게서 성경을 받았을 때
아버지는 자신이 영국 사람인데도 불구하고 크리스
천이 아니라는 것을 깨달았다고 합니다. 제 아버님
은 포로수용소에서 같은 피해자인 조선인에게 성경
을 받아 읽고 크리스천이 되었습니다. 전쟁이 끝나
고 아버지는 처음엔 비즈니스로 일본을 왔으나, 곧
선교사가 되어 일본에서 선교했습니다. 지금 90세
가 넘어 제가 대신 왔습니다. 포로수용소에서 하나
님을 만난 아버님은 그때를 오히려 감사하고 있습

니다. 하나님은 포로수용소에서 같이 상처 입은 조선인을 통해 포로된 자를 구하셨습니다."

도쿄 근위대를 했던 돌아가신 내 아버지 모습이 설핏 떠올랐다. 내 아버지 역시 일본군 군인으로 징용되었다. 내 상처도 치료되는 짧은 경험을 했다. 조심스럽게 화해하면서 기쁨을 얻는 겸손한 사람들. 모든 것이 자기 잘못이기에, 무릎 꿇고 사죄하고, 또한 그 사죄를 눈물로 용서하고, 서로 화해하여 자유를 얻고 기쁨을 얻는 인생은 얼마나 축복스러운지.

그의 사죄는 한국과 북한뿐만 아니라 아시아 전역으로 펼쳐졌다. 일한친선선교협력회 회장을 맡았던 오야마 목사는 타이완, 중국, 필리핀 등지에서도 사죄 운동을 했다. 2014년 10월 서울 종로구 일본 대사관 앞에서 열린 일본군 위안부 문제 해결을 위한 수요 집회에 일본 목사 15인과 함께 일제의 만행을 사죄하기도 했다.

"일본인은 당신들의 소중한 인생을 엉망진창으로 만들었습니다. 하나님이 할머니들의 마음의 상처를 치유해주기를 기도합니다."

위안부 피해자인 길원옥 · 김복동 할머니 앞에서

오야마 레이지 목사는 사죄문을 읽었다.

간토 조선인 학살과 사죄 운동

넓은 들녘 끝에 얕은 동산을 업고 있는 제암리교
회에, 나는 일본인 학생과 교수들 혹은 의사들을 안
내하여 여러 번 갔다. 1998년에는 지리산 오지로 의
료 봉사를 온 일본인과 교포 의사들을 안내했다.
1999년에는 와세다대학교 학생들을 인솔하여 갔다.
그때까지 그 낡은 예배당 건물이 오야마 목사를 중
심으로 한 일본인들이 지었다는 말에 많은 감동을
얻곤 했다. 그런데 2002년 여름에 갔을 때 그 건물은
깨끗이 사라지고 새로운 건물이 세워져 있었다.

일본인들을 안내하면 '제암리 3.1운동 순국 23
위' 묘지 앞에서 묵념을 하며 거의 종일 바위를 삼
킨 양 아무 말도 못한다. 모두들 앙가슴이 숯구덩이
가 되어버리는 모양이다. 겨우 몇몇 학생들은 "그때
일본인이 사죄의 표시로 지은 교회 건물은 어디에
있냐"고 묻곤 한다. 나는 우물우물 거리며 말하지
못한다.

화성시 지자체 및 중앙정부가 2000년부터 '제암
리3.1운동순국기념관' 이라는 명칭으로 총 422평의
기념관 겸 교회를 조성해서, 2002년 3월 기념관을

완공했다고, 쉽게 자랑스레 말하지 못한다.

물론 이전 건물에 비가 새고, 연 4만 명의 참배객이 드나들기에는 협소했다는 말을 들었다. 그래도 그것이 더 의미 깊지 않았을까. 제암리교회를 독립기념관처럼 크게 지은들 무슨 의미가 있겠는가. 물론 현재 전시장 한벽에 당시 새 교회를 지을 때 참여했던 일본인들의 이름과 사진이 있다. 하지만 사적으로 지정해놓았던 건물을 왜 그리 쉽게 부수는지. 물론 논쟁이 있었다는 말을 들었다.

하지만 일본인들이 사죄하면서 지었던 건물만치 중요한 역사적 전시물이 어디 있는가. 엉성한 패널 사진이 그 건물보다 귀할까. 화해의 상징을 부수는 것, 그것이 현대화인가. 피해자들 속이 여북하랴만 우리 속에 또아리 틀고 있는 용서 못하는 분노의 표시로 부순 것은 아닌가. 사죄자들이 지었던 건물을 작은 모형으로라도 전시해놓아야 하지 않을까.

제암리교회는 비극의 역사이며, 승리의 역사이다. 아울러 사죄와 화해의 역사도 보여주어야 할 건물이지 않았는가. 이제 제암리교회를 생각하는 내 마음은 샘물 마시듯 맑지 않다. 도시의 수돗물 마시듯 밍근하다.

제암리 옛 교회 건물이 그립다고 오야마 목사님께 질문하려다 말았다. 질문하기 전에 그가 내 입을 막듯이 미리 말씀하셨기 때문이다.

"한국에 가면 이제 사과하지 않아도 된다고 하는 분이 계십니다. 그런데 아직도 마음 깊히 상처가 남아 있는 분이 많습니다. 사죄를 받든 안 받든 계속 사죄해야 합니다. 그리고 이 사죄 운동은 저의 세대에서 끝나면 안 되기에 대학생과 아이들에게 교육시켜야 한다고 생각합니다."

한국뿐만 아니라 사죄 운동은 더욱 넓어져야 한다고 말씀하셨다.

"역사적으로 크리스천은 유대인들에게 사죄해야 합니다. 우리들은 유대인들을 너무 무시하며 살아 왔습니다. 사죄와 화해를 통해 우리는 더 자유를 느끼고 건강하게 될 것입니다. 다만 국가와 국가 사이만이 아니라, 개인과 개인, 남편과 아내, 사장과 노동자가 끊임없이 사과하고 용서하고 화해해야 합니다."

그는 분노와 절망의 너겁 같은 상처의 시간들을 잊지 않으려 한다.
2023년 오야마 레이지 목사님은 먼 여행을 떠나

셨다. 간토대진재 조선인학살 100주기인 올해 그가
살아 있다면 다시 절실한 사죄의 실천을 행했을 것
이다. 그가 남긴 유튜브 '룬룬 할아버지'(ルンルン
おじいちゃんねる)에서 그의 목소리를 들으며 그리
움을 달랜다. 사죄와 용서와 화해를 하는 사람은 이
미 천국에서 사는 분들이다. 이미 영생을 누리는 존
재들이다.

〈빛과소금〉, 2006.11

5.

치유

두 나라의 민주 시민이 연대해야 한다

 2019년 8월 2일 2년에 한 번씩 하는 동북아 기독교 작가회의를 1년 전부터 준비해왔다. 한국의 소설가 황순원·박두진, 일본의 엔도 슈사쿠·미우라 아야코의 정신으로 30년 가까이 교류해온 모임이다. 7월 초에 일본의 경제 도발 발표가 있었기에 갈지 안 갈지 고민했지만, 이럴 때일수록 작가 교류는 해야 한다는 생각으로 공항으로 갔다.

 한국작가회의 국제위원장으로서 작가 교류는 해야 한다는 숙제도 있었다. 공항에서 내려 카루이자와에 오기까지 거리에서 식당에서 우리는 계속 우리말을 썼다. 불친절하게 대하는 일본인은 없었다. 일본인의 50~60%는 정치에 관심이 없다. 자민당의 우민화 정책이 통한듯 싶지만, 나머지 40~50% 정치에 관심 가진 자 중 확실한 극우들이 여론 조사에 참가하기에 반한 지지율은 70%까지 올라간다. 착시 효과일 뿐 실제로는 20~30% 정도가 아베의 콘크리트 지지층일 뿐이다. 출판인 이치카와 선생은 만나자마자 이럴 때일수록 더 만나자 했다.

8월 2일 개회식이 시작되고, 시바사키 시인의 인사는 무거웠다. "이렇게 한일 관계가 어려운데 어려운 길을 찾아주셔서 정말 감사드립니다."

시바사키 시인은 사회를 보다가 평화 헌법을 지켜야 한다고 말했다. 혼다 히사시(本多寿) 시인은 전체 인사 때 시적인 말씀을 하셨다.

"지금 악한 세력이 우리를 위협하고 있습니다. 저는 무기는 없지만 한송이 꽃 같은 시로 저항하려 합니다."

이 말을 마치고 앉았는데, 혼다 시인은 눈시울이 떨리더니 눈물이 흘러나왔다. 참고 참았던 말씀을 하셨다는 걸 느꼈다. "한국은 우리 친척입니다"라고 하셨다.

선언문이나 우리의 입장을 만들 수는 없었지만 충분히 마음을 공유했다. 모두 조금은 어두웠고, 반아베 정서가 깔려 있었다.

8월 2일 그날 밤 마치 전쟁을 체험하듯 나는 숙소에서 잠을 못 이루었다. 카루이자와에 밤비가 내렸다. 이날 잠을 못 자고 빗소리를 들으며 빈 회의실에 앉아 있던 내게 하토리 시인은 일본이 사과해야 할 일이 많다며 악수하고, 포옹하고 돌아갔다.

여기까지가 일본이 한국을 화이트 리스트에서 배제했던 8월 2일의 일본 풍경이다. 귀국 하루 전 쇼핑가에 가까이 갔으나 한국에서 간 십여 명의 일행 어느 누구도 단 한 명도 쇼핑가로 가지 않았다.

종형사회, 도금 민주주의와 보수 방류

일본은 '종사회'(縱社會)다. 일본어로 '다테사회'라고 한다. 사회의 삼각형 제일 위에 천황이 있고 가장 아래는 천민이 위치하는 등 수직적 관계가 견고히 형성되어 있다. 이 종속적 구조를 따르지 않는 거주자는 혐오와 차별의 대상이 된다. 우리 정부 관리의 방문을 홀대하는 모습에서 이러한 일본인의 속내가 그대로 드러났다. 아베는 이러한 종적 사회적 특성과 종교성을 잘 이용한다. 일본 특유의 종교적인 관료조직은 일본 근대화를 견인해왔지만 타자를 모멸하는 혐오 사회의 원인이기도 하다. 이러한 제정일치적 정치 구조에 부합하는 '일본회의'를 기반으로 1955년에 자민당이 형성되었다. 쉽게 말하면, 일본 사회는 '오야붕'과 '꼬붕' 관계로 이루어져 있다. 사회의 제일 위에 천황과 정치인이 있고, 그 아래 보통 사람들, 맨 밑에 사회적 소수자들이 존재한다.

종사회

タテ社会の人間関係

中根千枝

講談社現代新書

日本社会の人間関係は、…

文化勲章受賞!
日本論の不朽の名著

일본은 종사회다. 사회의 삼각형 제일 위에 천황이 있고 가장 아래는 천민이 위치하는 등 수직적 관계가 견고히 형성되어 있다.

　학자들은 일본의 민주주의를 '도금 민주주의' 라고 설명한다. 껍데기가 도금되었고, 알맹이는 중세형 계급 사회라는 뜻이다. 속은 철저하게 계급 사회인데 겉은 '멋진 신세계' 처럼 화려하다는 것이다. 현재의 상황은 그 도금이 벗겨져 내부의 문제가 외부로 공개적으로 드러난 것이라고 할 수 있겠다. 천황제에 대해 문제 의식을 갖는 이들도 있지만, 이들은 굉장히 소수다.

　한 가지 강조해야 할 것은, 천황이 종형 사회의 정점에 있긴 하지만, 현재의 천황은 아무것도 할 수 없는 '인형' 같은 존재라는 사실이다. 상징적인 천황일 뿐 아무런 정치적인 힘도 세력도 없다. 진짜 권력을 잡고 있는 것은 '일본회의' 다. 이들은 전 세계 인류가 행복하게 인간다운 삶을 살아가려면 신이 만든 일본 황실을 지켜야 한다고 믿는 단체인데, 이들이 만든 것이 바로 아베 정권이다.

일본 정치 구조를 보면, 자유민주당(이하 자민당)과 공명당이 정권을 잡고 있다. 자민당은 미국의 지원으로 만들어졌다. 특징적인 것은, 자민당은 야스쿠니 신사를 중시하고, 공명당도 '창가학회'를 기반으로 한다는 점에서 제정일치 구조라는 사실이다. 일본은 '정치적 종교' 또는 '종교적 정치'가 통용되는 독특한 나라다. 야스쿠니라는 조상 제사를 통해 국가 통합 체제를 이룬 국가다.

오늘의 자민당을 우리나라의 자유한국당쯤으로 생각하면 안 된다. 그보다 더한 보수 수구당이다. 그야말로 종교적 파시즘 집단에 가까운 당이다. 지금의 일본 민주당이 어떻게 보면 '국민의힘'에 가깝다고 볼 수 있다. 일본 공산당은 우리나라 정의당 정도, 사회당은 우리나라 더불어민주당 정도로 생각해야 한다.

일본의 보수 정치는 '보수 본류'(保守本流)와 '보수 방류'(保守傍流)로 구분할 수 있다. 자민당은 원래 보수 본류로 그냥 우익이었다. 보수 본류는 전쟁은 반대하는 대신 경제를 키우려고 했다. 그런데 메이지 시대의 제국주의 영화를 꿈꾸는 보수 방류가 생겨났다. 오늘날에는 아베의 외할아버지 기시노부스케를 필두로 한 보수 방류의 후대가 정권을 잡고 있다.

내가 유학 갔던 1996년 고이즈미 총리 때부터 지금껏 보수 방류가 힘을 떨쳐왔다. 이 보수 방류는 일본과 한국 시민, 그리고 동북아시아에 위험 요소다. 아베의 전략은 한국을 상대하지 않고 세계와 상대하는 것이다. 한국을 무시하는 전략이다. 이런 종형 사회와 보수 방류의 우경화가 이번 사태의 근본 배경이다.

두 나라 시민 연대의 가능성

아베 정부가 화이트리스트에서 한국을 제외하는 것으로 시작된 두 나라의 경제갈등 과정을 지켜보면서 세 가지 깨달음을 얻었다. 두 나라 갈등의 문화적 배경과 관련된 내용들이다.

첫째, 일본을 영원히 추월할 수 없다는 '내면적 식민성', 일본으로부터 부품을 제때 공급받지 못한다면 우리가 제품을 생산하는 일이 불가능하다는 생각이 깨졌다. 기초과학과 중소기업 활성화 움직임은 곳곳에서 빠르게 일고 있다.

둘째, 선진국 대열에 들어섰고 촛불 혁명으로 민주주의도 챙겼다는 안도감이 깨지고, 모두에게 다시

금 팽팽한 긴장감이 형성됐다. 문화계만 놓고 봐도 알 수 있다. 다소 의견 차이를 보였던 국제펜한국본부, 한국문인협회, 한국작가회의가 연합해 한목소리로 '아베 경제 도발에 반대하는 한국 작가의 성명서'를 발표했다. 아베 덕분이라 해야 하나.

셋째, 한국과 일본 두 나라의 시민 연대가 얼마나 중요한지 새삼 깨달았다. 다행히 아베 정권과 같은 보수 방류에 대한 일본 시민 사회 내부의 반발도 있다. 민주당 출신의 하토야마 전 총리나 기독교 신자들 중 일부는 보수 방류에 반대한다. 또한 보수적 일본인들 중에는 평화 헌법이 폐기되면 다시 군대를 가야 하고 전쟁을 하게 될 것에 대해 공포를 느끼는 이들도 있다.

과거사에 대해 반성하는 지식인들도 있다. 우에무라 다카시는 한국보다 먼저 위안부 문제를 제기했고, 일본 교과서에 윤동주의 시를 넣은 것을 이유로 우익의 공격을 받기도 했다. 메이지가쿠인(明治學院)대학 학원장 나카야마 히로마사(中山弘正) 명예교수는 일제 강점기 일본이 저지른 죄를 기록한 『전쟁 책임, 전후 책임 고백』이란 책을 펴내어 1995년 메이지가쿠인 전교생에게 나눠주기도 한 분이다. 이런 분들이 있기에 '단순한 반일'은 위험하다. 소수이긴 하지만, 이런 분들까지도 적으로 매도해서는 안 된다.

아베 정책을 거부하는 일본 지식인들은 현재 두 군데 '거점'을 중심으로 아베 총리에 반대하는 사이트를 만들어 서명에 나서고 있다. 사회관계망서비스(SNS) 덕에 한-일 국제연대도 훨씬 쉬워졌다. 이메일과 페이스북 등으로 한국과 일본 작가가 수시로 의견을 나눈다.

이제 담담하게 경제의 체력을 키우고, 즐겁게 한-일 시민 연대, 한-일 노동자 연대에 나설 때다. 표를 의식하는 아베 체제는 두 나라 시민이 연대하는 모습에 긴장할 것이다. 만일 9월까지 긍정적인 변화가 없다면 '아베 정책을 우려하는 한·일 작가의 성명서'도 발표될 것이다.

"마치 땅 위의 길과 같다. 원래 땅 위에는 길이 없었다. 걸어가는 사람이 많아지면 그게 곧 길이 되는 것이다"라는 루쉰의 말처럼 열심히 우리의 길을 가면 될 뿐이다. 지금 두 나라 시민들은 가본 적이 없는 길을 간다. 어제도 가고 오늘도 갈 새로운 길, 이 모든 일이, 그래 아베 덕분이다.

〈한겨레신문〉 2019. 8. 13

혐오에 대응한 '카운터스' 운동

다큐멘터리 영화 '카운터스'(이일하 감독, 2017)의 포스터를 보면 야쿠자 영화로 보인다. 맞다. 야쿠자들이 나온다. 이 야쿠자들이 놀랍게도 혐한 데모를 저지하는 이야기다. '오토코구미(男組, 사나이 조직)'의 리더 다카하시를 중심으로 일본 극우들의 준동을 막는 사람들을 '카운터스(Counters)'라고 한다. 이 영화로 인해, '카운터스'라는 용어는 더 널리 퍼졌다.

한국인을 죽여라! 중국인을 때려죽이자!

이 정도의 섬뜩한 구호는 내가 체류하던 시기(1996~2009)에는 좀처럼 보기 어려웠다. 2013년부터 극렬하게 혐오 시위가 신오쿠보를 중심으로 번지기 시작했다. 혐오 시위를 진행하는 극우들은 마치 간토대진재 때 자경단과 같은 조직을 이루고 있다. 저들이 혐오 데모에서 외치는 헤이트 스피치(혐오 발언)는 간토대진재 때 죽창처럼 공포를 불러일

다큐멘터리 영화 '카운터스'(이일하 감독, 2017)의 포스터.

으킨다. 이 책 앞에서 나는 조선인 학살이 이루어진 6가지 배경 중 하나가 이미 조직화되어 있었던 '자경단'이라고 썼다.

폭력에는 폭력에 맞선다며 야쿠자 출신들이 비밀 결사대 '카운터스'를 조직하여 맞서는 실화가 저 다큐멘터리다. 놀라운 사실은 자이니치(在日)를 향한 차별과 혐오를 막겠다고 오토코구미를 만든 다카하시가 본래 '우익'이며 전직 '야쿠자'라는 것이다. 극우들의 행태가 얼마나 부끄러웠으면 같은 우익이었던 다카하시가 변화했을까. 야쿠자였던 그와 조직원 몇 명은 혐오 데모를 하는 극우들에게 주먹을 날려 구속된 적도 있다.

이 같은 예는 극단적인 예이지만 '반인종주의 정

269

보 센터' 같은 조직이 필요하다. 간토대지진 때 순경들이 유언비어를 날조하는 일이 반복되지 않도록, '위로부터의 폭력'을 감시하는 '카운터스 운동'이 항시 준비되어 있어야 한다.

실제로 2017년 '카운터스' 운동이 활발해지면서 극우들의 혐오 시위는 급격히 줄어들었다. 원리는 간단하다.

집단 폭력이란, 누군가가 불안과 불만족을 증폭시켜 두려움으로 만들고, 그 두려움은 약자를 혐오하는 헤이트 스피치로 이어지고, 나아가 헤이트 스피치는 실제 폭력으로 발전한다. 이 배후에는 극우 정당이 있는 것을 우리는 태극기 할아버지 부대를 체험해서 잘 알고 있다.

카운터스 운동의 원리는 두 가지로 나눌 수 있다. 첫째는 온건한 방식이다. 순환의 고리에서 처음 동기를 깨는 것이다. 첫째 아예 한국인이 일본 사회에서 두려움의 존재가 아니라 평화의 존재라는 사실을 계속 알리는 방식이다. 아울러 "애국을 말하면서, 차별을 즐기지 마라. 일본의 수치."(사진)라는 사실을 일본 사회에 온건하게 알리는 방식이다.

둘째는 강력한 방식이다. 야쿠자들의 '카운터스'처럼 자이니치들이 '약자'가 아니라는 사실을 강력하게 보여주는 방식이다. 야쿠자들처럼 폭력이

카운터스 운동은 "애국을 말하면서, 차별을 즐기지 마라. 일본의 수치다."라는 사실을 일본 사회에 온건하게 알리는 방식이다.

아니더라도, "어이! 똥 같은 차별주의자 놈들, 박살 내버린다, 죽여버린다!"라며 저들의 잘못을 강력하게 꾸짖는 방식이 있다.

현재는 혐오 시위가 2010년대만치 많지는 않다. 혐오 시위가 줄어든 배경에는 '카운터스' 운동의 역할이 있었다. 이후에 몇 가지 변화가 있다.

첫째, 인종주의적 태도를 취하는 인물이나 사례가 있으면 언론과 출판과 SNS를 통해 널리 알린다. 유튜브 등을 통해 가해자를 알리고, 피해자가 어떤 고통에 시달려야 하는지 알려서 양심에 호소해야한다. 이 방식은 곧 공동체를 위한 인권 교육이 될 것이다. 반인종주의 운동은 대중에게 호소력 있게 전달되어야 한다.

둘째는 그저 구호를 외치는 수준이 아니라, 법제

화해야 한다. 카운터스 운동 덕에 2016년 6월 3일 일본 국회에서는 혐오 대책법인 '헤이트 스피치 해소법'을 통과시켰다. 곧 외국 출신자에 대한 부당한 차별적 언동의 해소를 위한 법률이 통과됐고, 뜻을 이룬 오토코구미는 해산한다.

일본 경시청에 따르면 2013년에는 헤이트 시위 건수가 120건에 달했지만, 2016년 이 법이 제정된 이후 급격하게 줄어 2018년에는 30건, 2019년에는 10여 건으로 집계됐다. 6년 사이에 10분의 1 이하 수준으로 크게 줄어든 것이다. '카운터스' 운동 이후에 현재 일본에서는 '헤이트 스피치'를 하면 법적인 문제가 되고 구속 수사까지 받게 되었다.

셋째는 '재특회'가 슬쩍 정식 정당으로 등록해 활동 방식을 바꾸었다는 사실이다. 시위 대신 전화나 인터넷을 이용해 헤이트 스피치를 퍼뜨리는 현상도 주목해야 한다. 가령 위안부 문제를 다룬 영화나 심포지엄을 하면, 그 공간을 대여해준 행정 기관에 집중해서 전화를 걸고 인터넷을 마비시켜버리는 방식이다. 이에 대한 대처 방식은 시민에게 극우의 문제를 더욱 알리는 것이다. 투표와 캠페인을 통해 정치인들이 반인종주의 운동에 동참하지 않으면 안 되는 분위기를 만들어야 한다. 다음 글에서 우리는 호주가 어떻게 원주민과 함께하는 '기억의 날'을 만들었는지 확인할 수 있다.

인종주의는 우습게도 2023년 대한민국 정부 들어 더욱 펼쳐지고 있다. 외국인 노동자나 중국인들이 한국 사회에 범죄 등을 일으키고 있다며 '위로부터의 혐오'를 일으키고 있다. 그 혐오는 한국 사회의 극우를 집합시켜 선거에서 투표를 얻으려는 전략이다. 일본에서 해오던 방식을 현재 대한민국 정부에서 흉내내고 있다는 사실이 부끄러울 따름이다.

아쉽게도 카운터스 운동은 이후 리더 다카하시의 성추행 전력으로 흐지부지되고 말았다. 2018년 4월 다카하시가 사망하여 그의 성추행 물의에 대한 엄격한 처벌은 어려웠고, 영화 상영은 멈추었다. 씁쓸하게 끝난 카운터스 운동이지만 일시적이라도 재특회 활동을 정지시킨 것은 기억할 만한 일이라고 평가할 수 있겠다.

일본 정부의 변화가 있어야 한다

일본 정부가 변할 수 있을까. 이 말은 얼마나 공허한 기대인가. 어렵지만 1%의 가능성이라도 있다면, 아니 아예 0%라고 해도 일본 정치인들의 변화를 기대하고 모든 매체를 통해 바른 말을 하는 정치인을 격려하고, 잘못된 판단을 세뇌시키려는 정치인은 비판해야 한다.

백년을 기억하는 화해

『백년의 고독』이라는 독특한 제목의 장편 소설이 있다. 백인에게 점령당한 남미의 수치스러운 백년을 가브리엘 가르시아 마르케스는 마술적 리얼리즘으로 기록했다. 해괴한 수치의 역사를 살려낸 이 소설은 1982년 노벨문학상을 수상했다.

100여 년 전, 17세기부터 호주에 이주한 백인들은 원주민을 열등하다며 차별하고 학살했다. 1800~1970년대에 걸쳐 오스트레일리아 정부는 동화 정책으로 원주민 아이들 10%를 백인 가정이나

연설을 마치고 원주민 대표에게 사과하는 캘빈 총리. 사진 연합신문.

고아원에 보내 강제로 '세탁' 하려 했다.

노동당 총리 케빈 러드는 2008년 2월 13일 국회의사당에 빈민층인 원주민 애버리지니들을 가득 모시고 사과했다. 특히 어린 시절 부모에게서 강제로 떼어져 시설에 수용됐던 '도둑맞은 세대(Stolen Generation)' 에 사과했다.

> "잘못된 법과 정책으로 고통받은 원주민 여러분께 진심으로 사과합니다. 특별히 강제로 가족과 생이별할 수밖에 없었던 아이들에게 깊이 사과합니다. 가족과 공동체를 파괴한 행위에 대해 어머니, 아버지, 형제, 자매들에게 우리는 사과합니다. 자랑스러운 문화에 모욕과 수치심을 줬던 잘못을 우리는 사과합니다. 수상으로서, 저는 미안합니다. 이제 우리 모두 새로운 역사의 장으로 나아갑시다."

그날 의사당 안에 있는 원주민은 물론 야외에서도 살색과 상관없이 손 모아 사과하는 현장을 목도했다. "We apoloze", "We say sorry"를 여섯 차례 반복한 총리는 원주민 대표들을 끌어안았다. 호주는 매년 5월 26일은 '국립 사과의 날'로 지키며 혐오 문제를 극복하려고 애쓴다. 호주 정부의 사과는 같은 해 6월 캐나다 정부가 원주민 탄압을 사과하는 나비효과를 일으켰다.

백년 전 독일은 폴란드를 괴롭혔다. 1970년 12월 7일 독일 총리 빌리 브란트는 바르샤바 위령탑 앞에서 무릎 꿇고 사죄했다. 올해 4월 23일 독일 대통령은 "독일인의 역사적 책임에는 끝이 없다"며 유대인을 상징하는 '다윗의 별'을 가슴에 달고 사과했다.

3년 전 나는 그 위령탑에 가서 그 마음을 생각하며 무릎 꿇고 손을 모았다. 위령탑에서 꽃을 정리하던 폴란드 남성은 고맙다며, 입고 있던 '평화 운동' 셔츠를 벗어 내게 입히고 폴란드 손국기를 건넸다.

백년 이상 남아프리카 공화국을 지배했던 흑인 차별은 1994년 넬슨 만델라에 의해 멈추었다. 진실을 밝히고 보복 대신 사면하고 화해의 공동체를 이루어나갔다. 넬슨 만델라처럼, 우리 내부의 국가 폭력인 1948년 제주4.3사건, 1980년 5.18광주민주화운동 등을 영원히 기억해야 한다.

일본에서 십여 년 살면서 나는 일본이 아시아에 해온 백년의 과거를 괴로워하는 일본 시민, 작가, 학생 들을 많이 만났다. 소설가 오에 겐자부로는

"일본이 어느 정도 사죄한다 해도 충분하지 않은 큰 범죄를 한국에 범했다. 게다가 아직 한국인에게 일본은 충분히 사죄하지 않고 있다."

라고 했다. 무라카미 하루키는

"과거 일본의 침략 사실을 인정하고 상대국이 됐다고 할 때까지 사죄해야 한다."

라고 했다.

백 년을 제대로 기억하려면, 호주 총리나 독일 총리처럼 가해자가 피해자를 직접 만나 사과해야 한다. 다시는 그런 일이 없도록 법적 시스템도 정비해야 한다. 아쉽게도 일본 시민 단체가 내각부에 위안부 할머니에게 사죄 편지를 권유한 일에 대해 아베는 만나기는커녕 "위안부에 사죄 편지는 털끝만큼도 생각 안 한다."는 망언을 남겼다.

'학폭'이나 국제 관계나 비슷한 면이 있다. 가해

자는 가해했던 기억을 망각한다. 카뮈의 『이방인』에서 원주민 청년을 권총으로 쏘아 죽인 주인공 뫼르소처럼 가해자는 폭력을 뉘우치지 못한다.

물론 일본 정부도 사과한 적이 있다. 2015년 7월 미쓰비시 머티리얼은 미국 LA까지 가서 미국인 강제 징용 피해자들에게, 다음해 2016년 6월 중국인 강제 징용 피해자들에게도 사과하고 배상했다.

다만 "일본의 한반도 식민 지배 및 강제 동원은 합법적 행위"라면서 한국인 강제 징용 피해자들에게는 사과도 배상도 하지 않았다. 현재는 대한민국의 대통령이 "일본이 100년 전 역사 때문에 무릎을 꿇어야 한다는 생각을 받아들일 수 없다."며 가해자의 망각에 힘을 보태는 해괴한 상황이다.

어떤 이들은 일본 정부에 기대할 것이 없다고 말한다. 한일 연대는 꿈도 꾸지 말라고 한다. 그런 태도를 가지면 영원히 변화되는 것은 없다. '카운터스' 운동으로 헤이트 시위가 줄어든 것을 배워야 한다. 2016년 6월 3일 일본 국회에서 혐오 대책법인 '헤이트 스피치 해소법'을 통과시킴으로써 더 이상 '위로부터의 혐오'는 법적으로 어렵게 되었다. 희망을 포기하지 않으면 눈에 보이지는 않지만 조금씩 변화를 기대할 수 있다. 마지막으로 시민모임 '독립'(이사장 이만열 숙명여대 명예교수)이 2023

년 8월 1일에 발표한 기자 회견 끝부분을 인용한다.

시민모임 '독립'은 2021년과 2022년에 이어 '기억'을 위한 활동을 진행한다. 이번에는 진상규명특별법이 반드시 제정되어야 한다. 100년 전 조선인 학살 사건의 진상을 규명하고 다시는 이런 야만 행위가 일어나지 않도록 일본과 한국이 함께 기억해야 한다.

도쿄 요코아미초 공원에서 50년 동안 추도식을 이어온 고령의 미야카와 야스히코 일조협회 도쿄도 연합회장은 현장을 찾은 시민모임 '독립' 방문단에게 말했다. "간토 조선인 희생 100주기, 이제 싸움은 시작입니다." 맞는 말이다. 싸움은 이제 시작이다. 우리가 8월 한 달 동안 일본대사관 앞에 다시 서는 이유다.

한일 사이의 백년을 기억하는 것은 새로운 미래를 향한 기회다. 간토대진재 조선인 학살, 강제 징용, 일본군 성노예 문제 등은 인류의 문제다. 백년을 기억하는 것은 피해 의식이나 자학적 태도가 아니다. 구원의 방법은 이미 과거에 있으며, 진정한 희망은 과거의 기억에서 나온다.

〈중앙일보〉 2023. 5. 4

백년 동안의 증언

간토대지진, 혐오와 국가 폭력

1판 1쇄 발행 2023년 9월 1일
1판 2쇄 발행 2023년 9월 4일

지은이 김응교
펴낸이 김현정
펴낸곳 책읽는고양이 / 도서출판리수

등록 제4-389호(2000년 1월 13일)
주소 서울시 성동구 행당로 76 110호
전화 2299-3703
팩스 2282-3152
홈페이지 www.risu.co.kr
이메일 risubook@hanmail.net

© 2023, 김응교
ISBN 979-11-92753-11-9 03910